D1673761

GSI

Källerabstiig
Fasnachtskultur im Cliquenkeller

Text	Hummi Lehr
Fotos	Beat Trachsler

GS-Verlag Basel

Legende zu den Fotos:

Umschlag   Abgang zum Keller der *Aagfrässene*
                  im ‹Rosshof›
Seiten 6 und 20   Ausschnitte aus dem grossen Wandbild
                  von Max ‹Megge› Kämpf im Keller der
                  Kuttlebutzer
Seite 9   Die Treppe zum Keller der *Pfluderi*-Clique
Seite 78   Keramikkonsole (Ueli) im Keller der
                  Aagfrässene
Seite 81   Ausschnitt aus dem Laternentransparent
                  im ‹Vestibulum› der *Alte Richtig*

Die Aufnahme auf Seite 15 wurde zur Verfügung gestellt.

Die Deutsche Bibliothek – CIP-Einheitsaufnahme

Lehr, Hummi
Källerabstiig: Fasnachtskultur im Cliquenkeller / Hummi Lehr.
Basel: GS-Verl., 2000
ISBN 3-7185-0183-X

© GS-Verlag Basel, 2000
Realisation: Effort, Basel
Umschlag: Bildpunkt AG, Münchenstein BL
Lithos: Couleurs 68, F-Mulhouse
Druck: Kreis Druck AG, Basel
ISBN 3-7185-0183-X

Inhalt

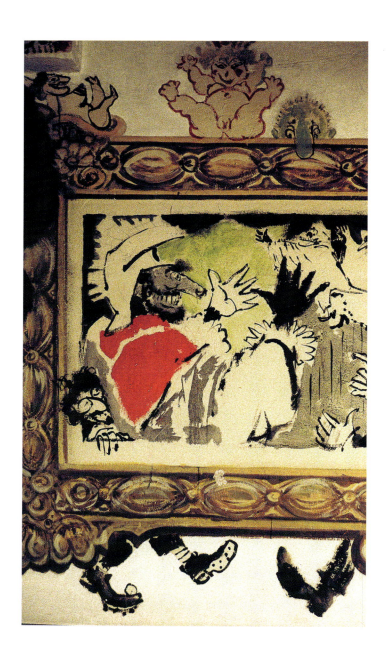

Vorwort

Ein Buch über die Cliquenkeller? Ja, das hat uns in der Basler Fasnachtsliteratur tatsächlich gefehlt. Dabei ist es doch so naheliegend: Tausende von Baslerinnen und Baslern verkehren mehr oder weniger regelmässig in einem oder in mehreren Cliquenkellern. Hunderte – oder sind es auch tausende? – von Fasnächtlerinnen und Fasnächtlern haben in Fronarbeit beim Ausbau ihres Cliquenkellers mitgearbeitet. Für unzählige Aktive gehört der Cliquenkeller mit grosser Selbstverständlichkeit nicht nur zum Cliquenleben, sondern zur Fasnacht überhaupt. Trotz dieser vielfältigen Präsenz der Keller gab es bis heute keine Literatur zu diesem Thema. Das grosse Fasnachtsbuch des Comités aus dem Jahre 1985 widmet dem fasnächtlichen ‹Untergrund› eine einzige Seite, was wahrlich nicht üppig ist. Die Lücke wird mit dem vorliegenden Buch auf eindrückliche Art geschlossen. Hierfür gebührt der Autorin, Hummi Lehr, aber auch dem GS-Verlag Basel ein grosses Dankeschön der Basler Fasnachtswelt.

Mit gutem Grund spricht Hummi Lehr von einer eigentlichen Cliquenkeller-Kultur in Basel. Still und leise, von der grossen Öffentlichkeit kaum wahrgenommen, entstanden während der vergangenen drei oder vier Jahrzehnte dutzende von Cliquenkellern. Darunter befinden sich grosse und kleine, feudale und bescheidene, gemütliche und nüchterne: Das Angebot ist reich und vielfältig, wie das vorliegende Buch in Wort und Bild veranschaulicht. Die Cliquenkeller sind im Fasnachtsumfeld tatsächlich nicht mehr wegzudenken. Sie verkörpern einen Teil unserer Fasnachtskultur, auf die nicht nur die Besitzer dieser ‹Kellerbijoux›, sondern alle Fasnächtlerinnen und Fasnächtler stolz sein dürfen.

Alex Fischer
Obmann Fasnachts-Comité

Kellerabstieg

«Sali zämme!» und *«Mer gseen is sicher noonemool!»* grüssen sich auffallend viele Leute in den Gassen der Altstadt. Es ist ein Samstagabend im November. Allein, zu zweit, in kleinen Gruppen tauchen gutgelaunte Menschen auf und verschwinden wieder. Das Schwatzen, Lachen und Scherzen, wenn sie sich begegnen, hört man von weitem. Kleine Laternen an verschiedenen Türen weisen ihnen den Weg. Nichteingeweihte beobachten das fröhliche Treiben verwundert, ‹Insider› wissen: *S isch Källerabstiig!*

Die ‹Insider›, das sind die Mitglieder der Fasnachtscliquen. Sie kennen den Kellerabstieg seit 25 Jahren und bezeichnen damit jenen Herbstabend, an dem sich die Cliquen gegenseitig in ihren Fasnachtskellern besuchen. Da sind vor allem einmal die Kolleginnen und Kollegen der andern ‹Keller-Cliquen›, die gerne bei ihren Nachbarn aufkreuzen. Sie kommen zu einem Schwatz, möchten hören, was es Neues gibt seit dem letzten Kellerabstieg und was für Erfahrungen man gemacht hat. Aber auch für die übrigen Fasnächtlerinnen und Fasnächtler ist der Kellerabstieg die willkommene Gelegenheit, um sich wieder einmal zu treffen. Treppauf, treppab geht's von Keller zu Keller: da zu einem Drink an einer grossen, einladenden Bar-Theke im stimmungsvollen Laternenlicht, dort zu einem kleinen Imbiss im tiefen, romantischen Kellergewölbe eines Altstadthauses. Nirgends bleibt man lange, denn noch so mancher andere Keller lockt zum gemütlichen Einkehren.

Es war in den 60er-Jahren, als eine Clique nach der andern ihre Stammbeiz verlassen musste und deshalb in der Altstadt ein Kellerlokal suchte und auch fand. Jahrelang dauerten die oft schwierigen Instandstellungsarbeiten, bis ein Keller endlich eingeweiht werden konnte. Dabei wuchs das Bedürfnis nach einem regelmässigen Gedanken- und Erfahrungsaustausch, aber auch nach fröhlichem Zusammensein in der fasnächtlichen Atmosphäre der Keller.

Die ‹Geburt› des Kellerabstiegs wurde in der Cliquen-Zeitung der Aagfrässene festgehalten: *«Der Källerabstiig isch wie männgi anderi Bieridee bim ene nasse, aber scho dradizionellen Aaloss geboore worde. Am 4. Maie 1973, am Määli vo de Dambuurmajoore, isch s eerscht Mool iber e soone Fescht gschwätzt woorde.»* An einer ersten Sitzung im Restaurant ‹Schnabel› sei man sich jedoch nicht einig geworden, erzählt der Chronist weiter, man habe das Fest vertagen müssen. *«Aber denn, im Novämber 1974, hänn s d Spatze vo de Dächer pfiffe: Es findet doch statt! Es isch e rächt voorfaasnächtlig Dryybe gsii im Optimischte-, Dupf, Pfluderi- und Aagfrässene-Käller und sogar s Hailigtum vo de Rumpler hesch kenne go bschaue!»* Ein besonderes *Danggerscheen* richtete der Berichterstatter an die vielen, *«wo hinder der Theke e Saugrampf ghaa hänn»* und er bemerkte zum Schluss: *«E soon en Aaloss sott e feschte Daag im Kaländer bikoo und sich jeedes Joor widerhoole!»*

Diesem Wunsch wurde natürlich nur allzu gerne entsprochen. Der Kellerabstieg ist inzwischen zu einem

stattlichen Ereignis herangewachsen; er ist tatsächlich aus dem Cliquenkalender nicht mehr wegzudenken. Immer mehr Cliquen bauten seither in auf-
wendiger Fronarbeit ihre eigenen Keller. Und dies
nicht nur in der Altstadt, auch in den Vorstädten und
in den Quartieren entstanden sehenswerte Cliquen-
stuben. Der Kellerabstieg wurde mit der Zeit unüber-
sichtlich und so führte man den heute üblichen zwei-
jährigen Turnus ein: im einen Jahr werden die Inner-
stadtkeller, im folgenden jene in den Vorstädten besucht. Ein Dreijahres-Turnus stand zur Diskussion,
als vor wenigen Jahren die Kleinbasler-Cliquen ebenfalls einen Kellerabstieg ins Leben riefen. Doch davon
wollen diese nichts wissen: Sie feiern ihr Kellerfest
jährlich!

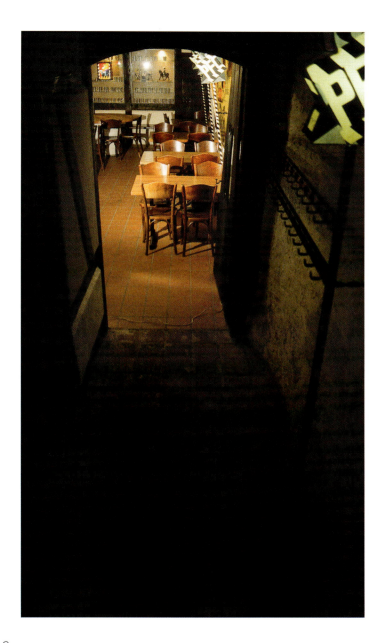

Die ersten Cliquenkeller

Der Begglisaal

Es ist Samstag, der 26. September 1931. Aus dem Keller des Hauses zum ‹Hirtzen› an der Bäumleingasse 11 dringt fröhliches Geplauder und Gelächter. Piccolo- und Trommelklänge kann man von Zeit zu Zeit ebenfalls hören. Ein ganz besonderes Fest ist im Gange: Die *Alti Richtig* weiht ihren *Begglisaal* ein. Der Abstieg zu diesem Keller ist eher altertümlich. Im hinteren Hausflur der Liegenschaft muss eine Bodenklappe geöffnet werden, um über ein schmales Treppchen in die Tiefe steigen zu können. Unten sitzen die Männer an einem langen Tisch im stimmungsvollen Licht von aufgespannten Laternentransparenten und Steckenlaternen. Im Hintergrund stehen die für die *Alti Richtig* typischen Trommelböckli, hölzerne Resonanzkörper mit einem darauf befestigten Filzflecken, die dem Raum den Namen *Begglisaal* gegeben haben. Auch alte Obsthurden sind noch vorhanden und deuten auf die frühere Verwendung des Kellers hin. Heute, am Tag der Einweihungsfeier, dienen die Hurden zur Aufbewahrung von alten Larven und dies wird bis zur Gesamtrenovation der Liegenschaft im Jahr 1978 so bleiben.

Das gotische Bürgerhaus *zem Hirtzen*, das urkundlich erstmals 1321 erwähnt wird, war der Wohnsitz des Juristen Dr. Fritz Berger, der als *Drummeldoggter* in die Basler Fasnachtsgeschichte einging. Der ‹Frutz›, wie ihn die Fasnächtler nannten, widmete sich sein Leben lang der Trommelkunst. Er betrieb umfangreiche Nachforschungen über das Trommeln in aller Welt, studierte die Ursprünge und die Entwicklung des Basler Trommelns und verfasste darüber zahlreiche Schriften und Lehrgänge. Auf der Basis der Musiknotenschrift erarbeitete er eine eigene Notation, die ‹Berger-Schrift›, die heute in den meisten Cliquen und Trommelschulen gebräuchlich ist. Mit seinen Arbeiten sowie jeder Menge Unterlagen über das Trommeln und die Basler Fasnacht richtete der ‹Frutz› nebst dem Cliquenkeller ein Archiv ein.

Trotz Archiv gibt es aber keine klaren Unterlagen über die Gründung der *Alten Richtig*. ‹Frutz› Berger war zuerst Tambour bei der *Lälli-Clique,* die er verliess und ab 1926 mit einer Splittergruppe, der *Wäntele-Clique,* Fasnacht machte. Sicher ist, dass aus diesen *Wäntele* die *Alti Richtig* entstand, das Wie und Warum bleibt aber im Dunkeln. 1928 verkaufte *Frutz's* Vater das Haus an der Bäumleingasse an den Kanton, mit der Auflage, dass seine Tochter, Olga Meister, bis zum Lebensende Wohnrecht erhalte. Diese stellte ihrem Bruder *Frutz* schon bald Keller und Parterre zur fasnächtlichen Nutzung zur Verfügung. Für seine Tambouren, Trommelschüler und Cliquenfreunde richtete dieser den *Begglisaal* ein, der sich zum veritablen Fasnachtskeller entwickelte. Das Parterre wurde neben dem Archiv Ausstellungsraum für seine ständig wachsende Sammlung fasnächtlicher Requisiten und Kuriositäten, das er fortan ‹Musée Carnavalet› nannte.

Als *Frutz* Berger 1963 Opfer eines Verkehrsunfalls wurde, liessen die Basler Fasnachts-Cliquen eine Gedenktafel an seinem Haus anbringen, welche die Erinnerung an den *Drummeldoggter* wachhält. Die Cliquen-Lokalitäten wurden von Olga Meisters Mietumfang abgetrennt und vom Kanton direkt an die *Alti Richtig* vermietet. Diese erhielt von der Witwe Bergers durch einen Schenkungsvertrag auch alle weiteren fasnächtlichen Bestände.

Jetzt fielen für die Clique arbeitsintensive und kostspielige Renovationen an. Eine erste Umgestaltung erfolgte Ende der 60er-Jahre. Ein Jahrzehnt später, im Zusammenhang mit der Altstadtsanierung, schritt man zu einer Totalrenovation. Eine längere Bauzeit und weit über tausend Fronarbeitsstunden waren nötig für die Erstellung neuer Elektro-, Kanalisations-, Heizungs- und Wasser-Installationen, neuer Toiletten, einer Treppe vom Höfli in den Keller, neuer Böden und Decken sowie für die Restauration alter Laternentransparente.

Im *Begglisaal* finden heute Sitzungen und Zusammenkünfte sowie Kurse für die *Schnuffer* und *Schnoogge* statt. Das Cliquenbott (GV) mit den Neuaufnahmen, die Präsentation des Fasnachtssujets, Hocks in der Drummeliwoche und andere Anlässe verlaufen zum Teil noch nach feierlich-witzigen, von *Frutz* Berger stammenden Ritualen. Im Parterre befindet sich das ‹Musée Carnavalet› mit dem Archiv, und gegen die Strasse hin eine Pfeiferstube. Der *Baimliwaart* sorgt für die tadellose Pflege der Räumlichkeiten und einen reibungslosen Betrieb.

Aber die Clique ist gewachsen und findet längst nicht mehr genügend Platz im *Begglisaal.* Deshalb richtete sie sich am Steinenbachgässlein ein zweites typisches Fasnachtslokal, die Cliquenstube, für die Pfeifer- und Trommelübungen ein. Auch hier gibt es ältere und neue Laternentransparente verschiedener namhafter Künstler – alle fein säuberlich angeschrieben und datiert.

Im Keller ‹zer Alte Dante›

Im Restaurant ‹Wolfsschlucht›, dem heutigen Restaurant ‹Walliserkanne›, fand am 13. Mai 1939 die Generalversammlung der *Sans Gêne* statt. Schon einige Zeit vorher schwärmten etliche Mitglieder von einem eigenen Kellerlokal. An jenem Abend nun wurde eine passende Räumlichkeit in der Liegenschaft Gerbergässlein 30 vorgestellt. Einstimmig beschloss darauf die Gesellschaft, diesen Keller zu mieten. Bald danach nahm eine Kommission den Kellerausbau in Angriff. Die Arbeiten zogen sich aber in die Länge und kamen auch teurer zu stehen, als vorgesehen war. Endlich konnte man aber *Uffrichti* und am 5. Dezember 1942 *Käller Ibergoob* feiern.

In Versen und Liedern wurde der neue Keller begeistert als Cliquen-Heiligtum besungen.

Auch der Geist der Madame *Sans-Gêne* trat am Fest in Erscheinung und bat ihre Namensvettern, in diesem Refugium doch ja Sorge zu tragen zur Fasnacht, die in jenen Kriegsjahren nicht stattfinden konnte.

Sie freute sich auf die Zeit *wenn s wiider ooni Määrggli e Moorgestraich mit Mäählsuppen und Ziibelewaaie git!* Auf einer Schlüssel-Urkunde, ebenfalls von Madame *Sans-Gêne* unterschrieben, standen die *zää Gebott* vom Keller:

1. *Das sottsch jo wisse, dass das nur e Heere-Käller isch!*

2. *Me git nyt vergääbets, nid emool zur Uusnahm.*
3. *I waiss, dass Du derfiir soorgsch, dass fir Jasskaarten und Politik doo unde kai Blatz isch.*
4. *Waisch au, dass der Käller dopplet so scheen isch, wenn er suuber ghalte wiird.*
5. *Das isch jo sälbverständlig, dass me der Schlissel nie in fremdi Händ git.*
6. *Soorg derfiir, dass d Gleeser und d Bierfläschli nid an d Wand gschmätteret wäärde.*
7. *Dängg immer draa, dass au Duu gäärn schlooffe mechtsch, wenn Duu ooben an däm Käller wohne däätsch.*
8. *Das isch Dir sicher glaar, dass me fremdi Lyt nur mit der Ywillig vom Breesi abeschlaiffe daarf.*
9. *De fremde Gescht zaigt me zletscht naadyrlig au unser scheen Kässli.*
10. *Me lauft nie furt, ohni sich z iberzyyge, dass alles im Schuss und s Liecht abglescht isch!*

Feierlich wurde das ‹Heiligtum› auf den Namen *zer Alte Dante* getauft. Hier sollten fortan periodische Vereinsversammlungen, Sujets-Sitzungen, Filmvorführungen, Fasnachtsliteratur-Vorträge, Trommelübungen auf Böckli und nicht zuletzt kameradschaftliche Zusammenkünfte stattfinden. Vor allem aber war man froh, eine eigene Stube zu haben, wo man ungestört unter sich war und nach Wirtschaftsschluss ‹überhöckeln› konnte.

Seither ist viel Wasser den Rhein hinunter geflossen. Unzählige Anlässe und Feste fanden in der *Alte Dante* statt, aber auch unzählige Diskussionen über den

Keller-Betrieb. Einmal erhielt die Clique die Kündigung, die jedoch wieder aufgehoben wurde. Viele Auseinandersetzungen gab es mit dem Wirteverband und dem Polizeidepartement, und 1967 fragte man sich sogar, «ob das Kellerhocken nicht etwas überlebt sei». Als aber 1974 mit dem Hausbesitzer ein neuer 10-jähriger Mietvertrag abgeschlossen wurde, beschloss die *Sans-Gêne* mit frischem Schwung einen totalen Umbau. Nach zehn Monaten und unzähligen Fronarbeitsstunden wurde die *Alti Dante* im Herbst 1975 ein zweites Mal freudig eingeweiht. In diesen schönen Räumen mit der grossen, rustikalen Bar-Theke und der durch alte Laternentransparente dezent illuminierten Cliquenstube feierte man vor kurzem, nämlich am Kellerabstieg 1992, erneut ein grosses Fest: *50 Joor Sans-Gêne-Käller!*

Die Heimweh-Stube

Ähnlich wie bei der *Alten Richtig* fiel die Einrichtung einer eigenen Cliquenstube auch bei den *Basler Zepf Ziri,* mit der Zeit ihrer Gründung zusammen; selbstverständlich aus ganz anderen Gründen. Die Gruppe von Heimwehbaslern, die sich 1951 in Zürich zusammenfand, um eine Clique zu gründen, war sich bewusst, dass sie in keiner Wirtschaft einen Raum zum regelmässigen Trommeln und Pfeifen finden würde. Also suchte die *Basler Zepf* gleich von Anfang an ein eigenes Lokal. Dieses fanden sie durch ein Mitglied, das gute Beziehungen zur Brauerei Hürlimann (heute Feldschlösschen) hatte. So konnte die Clique bald in den Dachstock des historischen Zunfthauses ‹zum Weissen Wind› an der Oberdorfstrasse 20 in Zürich einziehen. Hier haust auch die Zunft ‹zum Weggen›, die alljährlich im Zunftsaal ihr grosses Sechseläuten-Mahl feiert. Und unten im Restaurant, wo sich Zünfte und Vereine treffen, haben auch die *Basler Zepf* ihre Stammtischlampe, in deren baslerischem Licht sie jeweils nach den Übungen zum Umtrunk zusammensitzen.

Oben im Dachstock richteten sich die *Basler Zepf* eine veritable Cliquenstube ein mit Laternentransparenten als Lichtquelle, mit Steckenlaternen, Fotos, Bildern von der Fasnacht und von Basel und mit allerlei Andenken. Hier wird regelmässig getrommelt und gepfiffen und das Sujet für die nächste Fasnacht ausgebrütet. Die Clique, die keine Junge Garde hat, erhielt schon bei der Gründung den Status einer Alten Garde. Rund 60 Mitglieder umfasst die Clique heute, von denen nicht alle in Zürich wohnen. Es gibt nämlich auch ‹Ehemalige›, die längst wieder in Basel oder anderswo daheim sind, aber derart verbunden mit den *Basler Zepf Ziri* bleiben, dass sie jede Woche nach Zürich zum Pfeifen oder Trommeln fahren!

Von Anfang an bot die Stube der *Basler Zepf* nicht nur Gelegenheit, Fasnachtsmusik zu üben, sondern auch die Möglichkeit, in geselligen Stunden die Limmat zu vergessen und an den Rhein zu denken. Die *Basler Zepf Ziri* pflegen auch einen engen Kontakt zu mancher Basler Clique, die sie während der Fasnacht gerne besuchen. Umgekehrt erhalten sie in ihrer Stammbeiz in Basel, im Restaurant ‹Rhyschwalbe› am Blumenrain, oft Besuch von ehemaligen Heimwehbaslern.

Im Dupf-Club-Keller

Im Imber- und Pfeffergässlein gibt es heute zahlreiche Cliquenkeller. Ende der 50er-Jahre war der *Dupf-Club* die erste Clique, die sich dort in einem eigenen Lokal niederliess.

1932 fanden sich im Morgartenquartier junge Handwerker, Trämler, Angestellte und Geschäftsleute mit dem Ziel, gemeinsam Fasnacht zu machen. Sie gründeten den *Dupf-Club* und blieben lange Jahre in ihrer Quartier-Stammbeiz, dem Restaurant ‹Hopfenkranz›. Heute wissen die *Dupf-Clübler* nicht mehr so genau, woher ihr Name kommt. Es könnte *e Dupfe*, der einzelne Trommelschlag gewesen sein, es könnte aber auch ein Sujet *aadupfe* (antippen) bedeutet haben.

Mit den Jahren zog es die Clique in die Innerstadt, wo sie zunächst einen Keller zum Üben und Arbeiten unweit der Hauptpost mit dem ‹Club zur Alten Klappe› teilte. Durch gute Beziehungen gelang es dem *Dupf-Club,* in einer Liegenschaft im Imbergässlein, heute Pfeffergässlein 8, den Keller zu mieten. Mit vereinten Kräften machte man sich an die Arbeit und schuf in vielen harten Arbeitsstunden eine gastliche Cliquenstube. Von Zeit zu Zeit fielen natürlich immer wieder Unterhaltsarbeiten an und etliche Jahre später, im Zusammenhang mit der staatlichen Altstadtsanierung, wurde der Keller nochmals – auf eigene Kosten und in Fronarbeit! – total renoviert und den modernen Bedingungen angepasst.

Ein einladender Treppenabgang führt in den heimeligen und typischen Fasnachtskeller. Das Gewölbe ist zum Teil mit Laternenhelgen bedeckt, die den Raum in warmes Licht hüllen. Blickfang ist ein geschickt in einem Torbogen eingebauter Plakettenkasten. Scheiben, Zinn- und Keramikgeschenke und verschiedene Andenken erzählen von der langen Geschichte der Clique. Das gesamte Vereinsleben, die Übungen sowie alle Kurse für die Junge Garde finden in diesem Keller statt. Hier wurde vom *Dupf-Club* aber auch vor ein paar Jahren die sinnvolle und erfolgreiche Aktion ‹Fasnächtler helfen krebskranken Kindern› ins Leben gerufen, die seither jedes Jahr von einer anderen Stammclique fortgeführt wird.

17

Übungs- und Arbeitskeller

In den 50er Jahren nahm die Fasnacht einen fulminanten Aufschwung. Mehrere neue Cliquen wurden gegründet. Bei den bisherigen stieg die Mitgliederzahl an und es entstanden immer mehr Junge und Alte Garden, Guggemusiken und Wagencliquen. Die Trommel- und Pfeiferübungen fanden mehrheitlich in Nebenräumen und *Säli* von Wirtschaften statt. In ihrer Stammbeiz hatte jede Clique eine Ecke mit Stammtisch und Lampe, die meist nach Entwürfen des Cliquenkünstlers gestaltet waren. Hier fand man sich nach den Übungen, aber auch nach den Sitzungen und Vorarbeiten für die Fasnacht zusammen. In diesen Stammbeizen traf man sich aber auch während der Woche, wenn immer man in der Stadt an einer Veranstaltung, im Kino oder Theater war, zum Schlummerschoppen. ‹Tout Bâle› wusste, welche Cliquenangehörige man damals im ‹Steinenklösterli›, in der ‹Alten Bayrischen›, in der ‹Farnsburg›, in der ‹Basler Kanne›, in der ‹Merkurstube›, im ‹Baslerstab›, im ‹Dézaley›, im ‹Helm›, in der ‹Schuhmachernzunft›, im ‹Besenstiel›, in der ‹Weinstube Hans Abt› oder im ‹Goldenen Sternen› finden konnte. Mit einem *«das sinn no Zyte gsii!»* trauern heutige Seniorinnen und Senioren diesem fröhlichen Beizenleben in unserer Innerstadt noch immer nach.

Mit der wachsenden Zahl von Fasnächtlern wurden die *Sääli* jedoch da und dort zu klein, so dass sich die Cliquen nach und nach in Schulzimmern einmieten mussten, um die Fasnachtsmusik zu lehren und zu üben. Einige Wirte befanden überdies, dass die *Sääli* nicht mehr richtig rentierten und funktionierten sie in Büros oder Lagerräume um. Die Cliquen suchten und fanden andere Lokale, in Kellern von Schulhäusern oder Firmen und Werkstätten. Dort richteten sie sich zweckmässig ein, manchmal sogar mit etwas fasnächtlichem Dekor wie Laternentransparenten, ehemaligen Requisiten oder alten Larven. Man traf sich nach den Übungen und nach dem Arbeiten in der Stammbeiz zum geselligen Beisammensein. Doch dies sollte sich bald ändern.

Von der Stammbeiz ins Cliquenlokal

Aadie Stäärne!

Wiider rysst e Huus men aabe,
alles Schimpfen isch nyt nutz.
Wiider gseet me Bagger graabe,
wiider frässe d Groossstadt-Schaabe
Lecher zmitts in Haimedschutz!

Ooni ‹Stäärne› het doch d Aesche
iiberhaupt kai Charme und Raiz.
Drotzdäm steggt men en in d Däsche,
und mit Pfanne, Gschiirr und Fläsche
suecht der Wirt e neii Baiz!

Hämmer nit scho gnueg Kasäärne,
voll vo Mieter bis an Rand?
Soone Wunder wie der Stäärne
findsch sogar mit der Ladäärne
kuum e zwaits in Stadt und Land.

Lauff dur s Huus, dno muesch mer s glaube,
kunnsch der voor wie im Romaan:
ängi Stube, schmaali Laube,
alti Helge, wo verstaube,
Brunne, Hof und Kaigelbaan.

Und bim Gleesli us der Buttle
sitzt me fascht em Gligg im Schooss ...
Syg s der Vischer oder d Schmudtle,
äss er Beefsteak oder Kuttle,
jetz sinn alli haimedloos.

Mechtsch nit fascht zuer Huut uus springe?
Schiessisch nit am liebschte schaarf?
Gwiis dänggt au der Dinge-Dinge
jetz an Götz vo Berlichinge,
wenn me daas im Himmel daarf.

Aber Schluss jetz mid em Brumme!
Ais gilt, liebe Stäärne, doch:
Sinn emool e baar Joor umme,
haisst di Basel nei willkumme
als der ‹Star› vom Dalbeloch!

Mit diesem Gedicht beschrieb unser Stadtpoet Blasius alias Dr. Felix Burckhardt anfangs der 60er-Jahre trefflich die Stimmung der vielen empörten Baslerinnen und Basler, welche sich vom alten ‹Goldenen Sternen› nicht trennen mochten. Es hagelte Leserbriefe und Proteste, doch die Abbruchbagger traten in Aktion. Mit den Stammgästen wurden gleich drei Cliquen heimatlos: die Alten *Schnooggekerzli,* die *Lälli-* und die *Rumpel-Clique.* Nach und nach verschwanden jedoch auch die anderen, im vorigen Kapitel genannten Wirtschaften oder wurden umfunktioniert in Pubs, Pizzerias, China- oder Thai-Restaurants. Dazu kam, dass sich die Wirte je länger, je mehr den Cliquen gegenüber unfreundlich zeigten, ihnen den Stammtisch nicht mehr reservieren wollten oder einen solchen nicht mehr duldeten. Stammgäste waren nicht mehr gefragt, ein möglichst junges und wechselndes Publikum sollte angesprochen werden und – Sinn der Übung – die stark erhöhten Preise bezahlen! Krassestes Beispiel für diese unschöne Entwicklung war zu Beginn der 70er-Jahre der Wirtewechsel im Restaurant ‹Baselstab›, das an den Mövenpick-Konzern überging. Hier machte man sogleich den *Schnurebegge* und etwas später dem *CCB* den Garaus, indem man diese Gäste schlecht oder überhaupt nicht bediente.

Den veränderten Lebensgewohnheiten angepasst, blieben die Restaurants nun sonntags geschlossen und manche blieben es – zum Leidwesen der Cliquen – sogar an den Bummelsonntagen! Ärger über Ärger! Und für viele Fasnächtler begann eine unerfreuliche Odyssee von Beiz zu Beiz auf der Suche nach einer neuen, festen Bleibe. Was Wunder, dass sie begannen, sich diese in eigenen Räumlichkeiten vorzustellen. In der damals noch mancherorts baufälligen Altstadt wurden sie fündig.

Im Rumpler-Huus

Im Herbst 1964 war es noch das Imbergässlein 12, heute ist es das Pfeffergässlein 11, wo die *Rumpel-Clique* – sie wurde 1923 im Haus ‹zum alten Rumpel›, der ehemaligen Ryhiner'schen Bändelfabrik im Kleinbasel, gegründet – nach ihrem Auszug aus dem ‹Goldenen Sternen› Unterschlupf fand. Das verlassene und ziemlich verfallene Altstadthaus wurde der Clique von einem Gönner zur Verfügung gestellt. In monatelanger Arbeit und mit eigenen finanziellen Mitteln machten die Rumpler daraus ein wunderschönes und in Fasnachtskreisen stark beachtetes und bewundertes Domizil. Sie bewohnten zunächst das Parterre und den ersten Stock. Einige Zeit später und im Zuge der Altstadtsanierung, als die Häuser im Imber- und Pfeffergässlein renoviert wurden, bauten sie – wieder aus eigenem Sack und mit eigenen Leuten – den Keller aus und zogen vom ersten Stock ins Untergeschoss. In den Stockwerken entstanden indessen prächtige Altstadtwohnungen, die sogleich ihre Mieter fanden.

Im Parterre befindet sich nun die gediegene Cliquenstube, in der man sich für Sitzungen oder zum gemütlichen Plaudern trifft. Der rustikale Keller bietet Platz für die ganze Clique und vor allem für das Abhalten der Trommel- und Pfeiferstunden. Alles ist sehr geschmackvoll eingerichtet, wobei zwei der berühmten Rudin-Laternenbilder einen Ehrenplatz haben. Ein fasnächtlich bemalter Schrank – einst das Geschenk der Frauen zum 40-Jahre-Jubiläum

– steht neben einer antiken Pendule. Kunstvolle Lampen, Scheiben, Zinn- und Keramikgeschenke, zahlreiche Bilder verschiedener Künstler sowie Andenken an allerlei Cliquenereignisse zieren Stube und Keller. Im *Rumpler-Huus* beginnt das vorfasnächtliche Treiben nach den Sommerferien mit den Trommel- und Pfeiferübungen, nach welchen dann auch der Vortrab zum gemütlichen Hock erscheint. Hier finden auch alle Sitzungen, die Tagung (GV), ein Santiglaus-Weihnachtsfest und etliche andere gesellige Anlässe statt. Höhepunkte sind der Kellerabstieg und die Fasnacht, denn im *Rumpler-Huus* kehren viele Fasnächtlerinnen und Fasnächtler gerne und oft ein. Der ‹Stubenvater› sorgt als Kellerwirt mit seinen Helfern – jeder Rumpler kommt einmal an die Reihe! – für das leibliche Wohl der Gäste und für die Pflege und den Unterhalt des Rumpler-Hauses.

Bei den Aagfrässene im ‹Rosshof›

Die 1952 gegründeten *Aagfrässene* begannen schon bald in den 60er-Jahren nach einem eigenen Lokal Ausschau zu halten. Auch sie erlebten eine Odyssee von einer Wirtschaft zur anderen. Sie waren aber nirgends so richtig daheim. Da entdeckten sie den ‹Rosshof›-Keller.

Das Haus ‹zum Rosshof› am Nadelberg 20 ist ein beachtenswerter Rokoko-Bau, der zu den Stilbauten am Nadelberg gehört, wie das ‹Schöne Haus›, der ‹Schöne Hof›, ebenso der ‹Zerkindenhof› oder das Haus ‹zur alten Treu› auf der gegenüberliegenden Strassenseite. Das heute noch stehende Hauptgebäude stammt aus der zweiten Hälfte des 18. Jahrhunderts. Interessanterweise ist der Keller jedoch mehrere Jahrhunderte älter. Die Jahreszahl 1580 über dem Torbogen des zweiten Treppenabsatzes weist darauf hin, dass die unterirdischen Gewölbe schon zu jener Zeit erstmals restauriert wurden. Nach einer langen, wechselvollen Geschichte sollte der ‹Rosshof› abgebrochen werden. Man wollte eine 2000 Autos fassende Einstellhalle auf dem Areal bauen. Aber mit einem gewaltigen Fackelzug trat das Basler Volk 1961 für die Erhaltung des ehrwürdigen Hauses ein.

Die *Aagfrässene* scheuten weder das Risiko noch die immense Arbeit für diesen Keller, der einen halben Meter unter Wasser stand und völlig vernachlässigt war: «*Es sinn zwai drooschtloosi Källerlecher gsii. Pfläddernass hänn is die alte, digge Muure empfange. Der Verbutz, vyyli Joorzäänt alt, isch mied gsii und het sich uff em Lehmboode zer Rue glegt. Die riisige schwaarze Spinnenetz sinn läär in ire Egge gläbt – iri Insasse hänn vor e baar hundert Joor gspunne! Drotz em schyttere Zuestand hämmer vor em eehrwiirdigen Alter der Huet zoogen und bischlosse, dä Käller zue neiem Lääbe z erwegge*», heisst es in der Cliquen-Chronik. In unzähligen Arbeitsstunden überholten sie gründlich die beiden Räume vom neu gelegten Fussboden bis hinauf zu den prächtigen Kreuzgewölben. Ins Auge springt eine beschwingte Wandmalerei mit Pierrot und Ballerina von Joe Duvanel und für stimmungsvolle Beleuchtung sorgt eine Laternenwand von Kurt Pauletto sowie eine funkelnde Stammtischlampe von Yvonne Chapallaz.

Seit der Einweihung im April 1970 haben die festfreudigen *Aagfrässene* manchen ‹Plausch› in ihrem herrlichen und wunderbar eingerichteten Keller gefeiert. Berühmt ist das *Fasnachtszyschtigs-Fest* für Fasnächtlerinnen und Fasnächtler mit den zündenden Rhythmen der Harlem Ramblers. Natürlich finden hier auch sämtliche Sitzungen und Versammlungen statt, aber in erster Linie dient der Keller als Übungslokal für die Tambouren und Pfeifer des Stamms, der Jungen Garde und der *Rosshof-Spatze*.

Der Pfluderi-Käller
im Haus ‹zum Kaiser›

Es war kurz vor der Fasnacht 1929 als sich einige Mitglieder des Veloclubs ‹Olympia› im Restaurant ‹Schnabel› trafen und eine Fasnachtsclique gründeten. Über den Namen konnte man sich jedoch nicht einigen. Es kam zu hitzigen Diskussionen. In deren Verlauf meinte ein Anwesender, das Geschwätz führe zu nichts, alle seien nur *Schnuure-Pfluderi!* Dies wurde, so erzählt man sich, der Anlass für den Namen *Pfluderi!*

Die *Pfluderi-Clique* ist seither im ‹Schnabel› geblieben, denn der ‹Schnabel› gehört zu den wenigen Beizen, denen die Stammgäste der Cliquen immer willkommen waren. Auch als sich die Clique vor mehr als dreissig Jahren am Nadelberg 18 ein Kellerlokal für Sitzungen und Zusammenkünfte einrichtete, blieb sie ihrer Stammbeiz treu.

Das schöne Bürgerhaus ‹zum Kaiser› wird urkundlich erstmals um 1300 erwähnt. Seinen Namen erhielt es vom Namen des damaligen Besitzers. Auf dem Falknerplan von 1865 reicht die Liegenschaft mit Ökonomiebauten in der Verlängerung des Rosshofflügels bis zum Petersgraben. Seit 1966 steht sie unter Denkmalschutz.

Die *Pfluderi-Clique* führte lange Zeit an der Fasnacht einen Wagen mit. Dieser wurde jeweils im Rosshof-Areal zusammengebaut. Es war deshalb eine besondere Freude, als der Clique just in diesem Geviert ein Keller angeboten wurde. Weil die Firma Musfeld einmal als Sujet an der Fasnacht herhalten musste, blieben mit dem damaligen Patron Ferdinand Musfeld rege Kontakte bestehen. Das Haus am Nadelberg 18 war in Musfelds Besitz und so bot er der *Pfluderi* das Kellergeschoss an.

Es war allerdings in sehr schlechtem Zustand und musste von viel Abfall und Schutt befreit werden. Zuerst belegte die Clique das unterste Geschoss, später zog sie in einen oberen Keller um, der wiederum in Fronarbeit und auf eigene Kosten ausgebaut wurde. Während der Altstadtsanierung im Jahr 1980 fiel nochmals eine grössere Renovation an.

Am prachtvoll geschnitzten Vorstandstisch werden die Vereinsangelegenheiten geregelt. Eine beleuchtete Vitrine mit einer Bechersammlung sowie Glaslampen tauchen den Raum in freundliches Licht, in das sich das Licht von zwei Laternentransparenten mischt. Unter den geselligen Anlässen steht der Kellerabstieg an erster Stelle. Ab und zu dient der Keller als Ort für einen Diavortrag, für ein Spargelessen oder für ein Geburtstagsfest.

Das Heim der Opti-Mischte

Im Pfeffergässlein, das im Volksmund auch etwa ‹Blinddarm› des Imbergässleins genannt wird, bekam der Dupf-Club 1963 neue Nachbarn. Auf diese war man ziemlich *gwundrig,* denn es handelte sich um eine Clique, die erst eine einzige Fasnacht hinter sich hatte: die *Opti-Mischte.*

Gegründet wurden die *Opti-Mischte* 1963 von einem Häuflein Fasnächtler, die zunächst auf einem Wagen an der Fasnacht mitmachten. Nach und nach entwickelten sich die *Opti-Mischte* zu einer Pfeifer- und Tambourengruppe. Da von Anfang an auch Frauen dabei waren, wurde bereits 1967 anlässlich der Gründung einer Jungen Garde den Mädchen die Türe aufgemacht. Etwas später erlangten die *Opti-Mischte* den Status eines Stammvereins.

Gleich nach ihrer ersten Fasnacht schaute sich der damalige Obmann nach einem Übungslokal um und bekam von der staatlichen Liegenschaftsverwaltung im Altstadtgebäude ‹Zum Laubegg› im Pfeffergässlein 6 den Keller zur Miete angeboten. Zuerst musste allerdings der dort angehäufte Sperrmüll und Schrott ausgebuddelt und abgeführt werden. Dann schritt man zu den eigentlichen Bauarbeiten. Das Material, vom ehemaligen Parkettboden des Hauptpostgebäudes bis zu ausrangierten Trämliheizungen, wurde zusammengebettelt. Als sich dann der Keller an vielen Abenden mit fröhlichem, fasnächtlichem Leben füllte, waren die Mühen des Umbaus bald vergessen.

Die staatliche Altstadtsanierung brachte nach rund zwanzig Jahren eine erneute Restauration. Durch die Ausschachtung der Eingangspartie stand plötzlich fast die doppelte Grösse des bisherigen Gewölbekellers zur Verfügung. In dankenswerter Weise überliess die Zentralstelle für staatlichen Liegenschaftsverkehr den betroffenen Cliquen die Altstadtkeller nach der Sanierung wieder zu einem tragbaren Mietzins.

Von Cliquenkünstler Daniel Vetsch gestaltet, erstrahlt der *Opti-Mischte-Keller* seit kurzem in neuem Glanz, wobei besonders ein origineller Fries und die moderne Möblierung auffallen.

Die Übungen des Stamms, der Jungen und der Alten Garde finden bei den *Opti-Mischte* im Keller statt, dazu sämtliche Sitzungen und viele gesellige Anlässe. Seit rund sechzehn Jahren sorgt die Kellerwirtin mit viel Engagement für das Wohl der Gäste und einen reibungslosen Kellerbetrieb.

Zusammen mit ihren Cliquen-Nachbarn *Dupf* und *Rumpel,* den *Pfluderi* und den *Aagfrässene* waren die *Opti-Mischte* Initianten des Kellerabstiegs.

Wo die Kuttlebutzer hausen

Dass die *Kuttlebutzer* seit mehr als dreissig Jahren im Gundeli einen eigenen Keller haben, ist wohl nicht allen Fasnächtlern bekannt. Tritt man ins *Kuttle*-Refugium ein, fühlt man sich sogleich vom Geist dieser Clique umfangen, die seit ihrer Gründung im Jahr 1957 während vieler Jahre durch allerhand Schabernack und makabre Spässe auffiel. Skurril wirkt deshalb noch immer ihr Keller!

Einst waren die *Kuttlebutzer* ein brillanter Schnitzelbank. Dann gesellten sich Künstler, Grafiker und Werbeleute dazu, und vor allem einige der besten Trommler und Pfeifer. Künstlerisch und musikalisch boten die *Kuttlebutzer* Erstklassiges. Und weil sie Ausgefallenes liebten, tüftelten sie in ihrem Keller Mittel und Wege aus, um ihre verrückten Ideen zu realisieren.

Gegründet wurden die *Kuttlebutzer* im ‹Torstübli›. Nach einiger Zeit wechselten sie ins Restaurant ‹Charon› und später in die ‹Schlüsselzunft›. Ein Mitglied bot ihnen im Hinterhaus seiner Malerwerkstatt an der Pfeffingerstrasse 65 den Keller als Cliquenlokal an. Die Einrichtung besteht aus zusammengewürfelten Tischen und Stühlen und einem grossen, alten Buffet. Das Dekor stammt natürlich aus den eigenen Reihen: Ein mächtiges, ergötzliches Wandbild von Megge Kämpf und witzige Laternenmalereien und Helgen von Christoph Gloor, Carlo König, Ferdi Afflerbach, Robi Hiltbrand, Rolf Vogt und Hanspeter Hort. Da-

zwischen finden sich allerlei wunderliche Artikel, die einmal als kuriose Kostümdekorationen gedient haben.

Höhepunkt im Jahreskalender der *Kuttlebutzer* ist die GV im Dezember, die gleichzeitig Sujetsitzung ist. Im Januar wird dann der ganze Zug samt Laterne, Kostüme und Larven im Keller hergestellt, während draussen im Hof gewaltige, absonderliche Requisiten geboren werden.

Der Staine-Käller

In den 60er- und 70er-Jahren boomte die Fasnacht unaufhörlich. Einerseits begünstigten die Konjunktur-Zeiten Neugründungen von Fasnachts-Gruppierungen, anderseits waren es die Frauen, die in grosser Zahl in die Cliquen drängten oder neben reinen Frauencliquen gemischte Cliquen gründeten. Dass damit der Bedarf an Übungs- und Stammlokalen grösser wurde, versteht sich von selbst. Dazu kam, dass sich – wir kennen die Gründe – auch alt eingesessene Cliquen nach einem neuen Dach über dem Kopf umsehen mussten. So auch die *Alten Stainlemer.*

Sie hatten das grosse Glück, über 50 Jahre lang in der ‹Merkurstube› eine wunderschöne Stammbeiz zu haben. Im Keller des Steinenschulhauses fanden die Trommel- und Pfeiferstunden statt. Doch das Schulhaus musste dem Theaterneubau weichen. Nach langem Suchen und etlichen Gesprächen mit der Zentralstelle für staatlichen Liegenschaftsverkehr (ZLV) erhielten sie die Zusage, in der neuen Zivilschutzanlage unter der Heuwaage Räumlichkeiten mieten zu können.

Im Gegensatz zu den Cliquen, die in Altstadthäusern bröckelnden Verputz abklopften und verfallene Mauern ausbesserten, standen die *Stainlemer* vor kalten, leeren Betonwänden. Baufachleuten und Dekorateuren aus den eigenen Reihen gelang es, aus diesem ungastlichen Ort eine phantastische Cliquen-Behausung zu schaffen. Im Mittelpunkt steht die Cliquenstube, deren Mobiliar aus Sitzen und Bänken von aus-gemusterten Erstklass-Wagen der Brünigbahn zusammengetragen wurde. Solche Sessel befinden sich auch in der Bar, die gleichzeitig Sitzungszimmer ist. Stilvoll gliedern sich eine Trommler- und eine Pfeiferstube an. Überall sind schöne Lampen, Glasmalereien und Steckenlaternen von verschiedenen Künstlern als Dekorationsstücke zu sehen, die mit Fotografien und vergrösserten Stichen alter Fasnachtszüge ergänzt werden. Von einer Künstlerin eigens angefertigte Keramikfiguren stehen in kleinen Vitrinen.

Als 1972 dieser Keller am Auberg eingeweiht wurde, kannte die ‹Keller-Euphorie› keine Grenzen. Alle Cliquen-Anlässe fanden nun hier statt und dazu manche private Veranstaltung von Mitgliedern. Vom *Staine-Käller* war bald in der ganzen Fasnachtswelt die Rede.

Trotzdem zog es die Stainlemer nach den Übungen immer wieder in die ‹Merkurstube›, wo sie sich nach wie vor sehr wohl fühlten. 1985 aber verkaufte die Wirtin das Haus und schloss das Restaurant definitiv, weil sie sich in den Ruhestand zurückziehen wollte. Der Abschied fiel schwer und deshalb zügelten die *Stainlemer* den Stammtisch samt Lampe sowie alle weiteren Tische und Stühle – ja sogar die Eingangstüre! – vom ‹Merkur› in den *Staine-Käller,* wo sie die Pfeiferstube zur ‹Merkurstube› ummöblierten. Längst geht dort eine neue Generation, welche das ‹Merkur› nicht mehr gekannt hat, ein und aus. Aber der Geist des halben Jahrhunderts Merkurgeschichte prägt noch heute das Cliquenleben in der *Staine.*

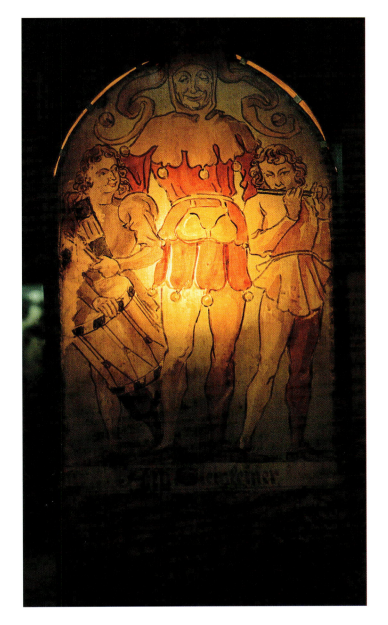

Beim Barbara-Club am Klosterberg

1973 kam es erneut zu einer spektakulären Cliquen-keller-Eröffnung. Diesmal wieder in einem Altstadt-haus, nämlich am Klosterberg. Dort zog der *Barbara-Club* ein und nahm Besitz von seinem wunderschö-nen, geräumigen Cliquen-Refugium. Dieses ist nicht unterteilt in verschiedene Stuben, sondern besteht aus einem einzigen, grossen Raum, in dem die ganze Clique gleichzeitig Platz findet. Auch eine Ecke für die Alte Garde samt Stammtisch und Lampe ist vor-handen.

Der Häuserblock zum ‹Ecksteyn› an der ‹Thorsteynen›, zu dem auch das Hinterhaus am jetzigen Klosterberg 2 gehört, wird urkundlich 1545 erstmals erwähnt. Die Liegenschaft barg verschiedene Handwerksbe-triebe, etwa eine Hufschmiede, später auch eine Fuhr-halterei, bevor sie 1838 an die Familie Tschopp über-ging. Die Firma Gebrüder Tschopp und später die Tschopp AG war ein stadtbekanntes Drogerieunter-nehmen.

Hier also zog der *Barbara-Club* in den Keller des Hinterhauses ein. Die 1902 gegründete Clique ging aus dem Artillerieverein hervor und hatte längere Zeit ihren Stammtisch im ‹Gifthüttli›. Nach und nach war man aber auf der Suche nach einer Behausung, in der man ungestört verweilen konnte. Die Räum-lichkeit am Klosterberg war deshalb ein Glücksfall. Durch die Mithilfe aller Mitglieder wurde das Lokal in einen ansprechenden Cliquenkeller verwandelt, der

ebenfalls bald in Fasnächtlerkreisen zum Gesprächs-stoff wurde. Das Konzept war so gut, dass seit der Einweihung im Jahr 1973 bis heute nichts Wesentli-ches verändert werden musste. Neu sind zwei gross-formatige, herrliche Fasnachts-Wandbilder von Cli-quen-Künstler Geni Goll, die den Raum dominieren und ihm ein ganz besonderes Cachet geben. Ein Puppenzüglein aus der Fasnachts-Jubiläumstorte, eine Plaketten- und eine Bechersammlung, Lampen, Mini-Steckenlaternen aus Glas und Andenken aus Zinn und Keramik bereichern die Ausstattung des Kellers. In ihm findet statt, was im Jahresablauf der Clique an Zusammenkünften nötig ist, von den Kur-sen für die Junge Garde, den Trommel- und Pfeifer-übungen für Stamm, *Gumsle* und Alte Garde bis zur Generalversammlung, Sujet- und Fasnachtssitzung und allerhand geselligen Anlässen.

Im Bebbi-Käller

Die Basler *Bebbi* ‹wohnen› als Innerstadtclique eigentlich in der ‹Safran-Zunft›, und dies seit ihrer Gründung anno 1930. Die Wirte wechselten zwar, die *Bebbi* blieben! Und sie bleiben auch heute noch in der ‹Saffre›, obwohl sie zuerst an der Bäumleingasse und später im Luftgässlein ein Kellerlokal bezogen. Der Keller an der Bäumleingasse wurde schon 1950 eingeweiht, musste aber bereits 1955 wieder verlassen werden. Die staatliche Liegenschaftsverwaltung verlangte die Entfernung nicht nur sämtlicher Holzteile, da sich darin der Hauspilz eingenistet habe, sondern die vollständige Räumung. Rund zwanzig Jahre später fanden die *Bebbi* im ehemaligen Kohlenkeller des Antikenmuseums, im Luftgässlein 5, einen neuen, geeigneten Raum, den sie als Cliquenkeller in eigener Regie geschmackvoll ausbauten und 1974 freudig eröffneten. Auch diesen Keller kannten bald alle Fasnächtler und Fasnächtlerinnen und kehrten an den *drey scheenschte Dääg* fleissig dort ein. Vor wenigen Jahren wurde das Lokal renoviert und den heute geltenden Bedingungen angepasst.

Der Keller ist hell und freundlich. Ein Laternenbild des legendären Künstlers *Sulzbi* (Max Sulzbachner) verbreitet stimmungsvolles Licht, das durch kleine Laternenhelgen in der Decke ergänzt wird. Die *Bebbi* benützen ihren Keller vor allem für Sitzungen und Zusammenkünfte, für die Generalversammlung sowie für die Sujet- und Fasnachts-Sitzung. Die Trommel- und Pfeiferübungen des Stamms, der Jungen und der Alten Garde finden meistens im Gymnasium Leonhard statt, hin und wieder auch im Keller. Abwechslungsweise trifft man sich dann zum Stamm in der ‹Saffre› oder in der ‹Harmonie›, und ein- bis zweimal im Monat im Keller.

Im Gegensatz zu den andern Cliquen, welche ihre Keller selber und mit ehrenamtlichen Teams bewirtschaften, liegt diese Aufgabe bei den *Bebbi* in den Händen einer cliqueninternen Kellerkommission aus Fachleuten mit einem gegen Bezahlung arbeitenden, ausgebildeten Wirt. Im *Bebbi-Käller* finden oft gesellige Anlässe statt, Höhepunkte sind aber der Kellerabstieg und die Fasnachtstage.

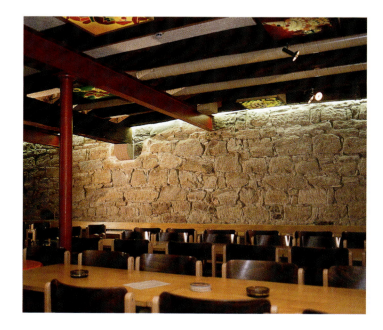

Im Olymp der Olymper

Während die einen Cliquen fröhlich Keller-Eröffnung feierten, mussten die *Olymper* – (der Name *Olympia* entstammt einem Turnerkreis, dem 1908 einige Gründer angehörten) – ihr geliebtes ‹Café Spitz› verlassen. «Dort hatten für eine Clique ideale Zustände geherrscht», heisst es im *Olymper*-Buch und der Chronist fährt fort: «Die *Olympia* konnte sich im ‹Café Spitz› fühlen, als ob es ihr gehörte. Dass manchmal an gewöhnlichen Wochentagen um 2.30 Uhr morgens auf dem Buffet noch getrommelt wurde, war nur ein Teil der Freiheiten. Der Clique standen alle Räume zur Verfügung. In der Wirtschaft konnte sie die neuen Kopflaternen nicht nur malen, sondern gleich auch zum Trocknen stehen lassen. Der Servicebetrieb lief darum herum weiter. Dass das ‹alte Café Spitz› nachgerade als etwas heruntergekommen galt, störte die *Olymper* nicht.» Als es 1963 durch ein Feuer ausbrannte und für den Abbruch geräumt werden musste, erhielten die *Olymper* Gastrecht in der ‹Alten Schmitti›. Hier fanden sie eine vorübergehende Bleibe, bis das Hotel ‹Merian› mit dem ‹Café Spitz› 1972 in neuem Glanz erstrahlte. Nach mühsamen Verhandlungen mit den Exponenten der damaligen Café Spitz AG, erhielt die *Olympia* einen Teil des Estrichs im Merianflügel, wo sie ihren eigenen Olymp in Form einer Cliquenstube gemütlich und geschmackvoll einrichten konnte.

Im wunderschönen alten, geschnitzten Gesellschaftskasten mit Vitrine werden Andenken an vergangene Zeiten aufbewahrt, zum Beispiel eine Reihe Silberbecher zur Erinnerung an verschiedene Festanlässe. Die *Olymper* machten auch immer wieder gerne Reisen, weshalb etliche Reiseandenken – etwa eine USA-Fahne aus dem Jahr 1939 – hier zu bewundern sind. Ausserdem gibt es in der *Olymper*-Stube viele Zugs- und Laternenentwürfe von namhaften Künstlern: Charles Hindenlang, Max Sulzbachner, Hans Weidmann, Roland Gazzotti, Jean-Jeacques Schaffner und Silvana Conzelmann, Sämi Buri und Otto Plattner. Eine alte Standarte, alte Fotos und Tambourmajorstöcke, eine Vitrine mit einer Königin-Marionette, dem Geschenk der Frauen zum Jubiläum, (Sujet: *Mr sin alles Keenig!*) und vieles mehr verleiht der Stube ein spezielles Cachet. Hier finden vor allem die Trommel- und Pfeifer Übungen sowie die Sitzungen statt, nach welchen man sich dann unten im Restaurant am Stammtisch zum Umtrunk trifft. Für die Fasnachts-Vorarbeiten und zum Larven-Kaschieren hat die *Olympia* am Mühlenberg noch einen Arbeitskeller, der ebenfalls sehr hübsch mit Laternentransparenten ausgestattet ist und in dem sich seit kurzem der Vortrab eine gemütliche Ecke eingerichtet hat.

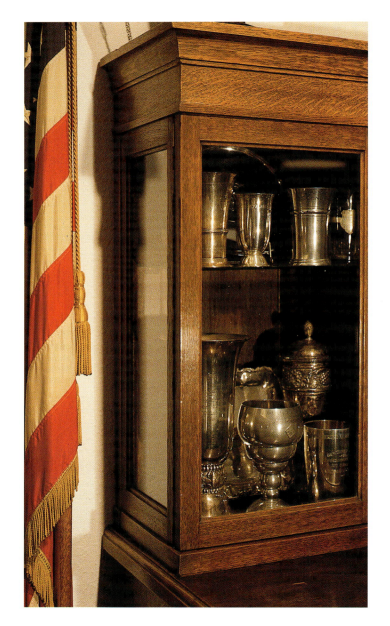

Die Gundeli im Schulhauskeller

Ein halbes Jahrhundert ist sie alt; sie feierte 1999 ihr grosses Jubiläumsfest: die *Gundeli-Clique.* Als typische Quartierclique war sie seit Anfang an im Gundeldinger-Casino Stammgast. Das Einvernehmen mit den jeweiligen Wirten war einmal besser, einmal schlechter. Bis dann ein Wirt kam, der überhaupt nichts mehr von Fasnächtlern wissen wollte und auch den Stammtisch nicht mehr reservierte.

Im Thiersteinerschulhaus hatte die *Gundeli* einen Arbeits- und Larvenkeller. Es war daher ein grosses Glück, dass sie noch einen analogen Keller dazu mieten konnte. Mit viel Einsatz und Fronarbeit gelang es, aus dem einstigen Larvenkeller ein attraktives Cliquenlokal zu schaffen, das 1975 eingeweiht wurde. In den beiden anderen Räumlichkeiten sind heute eine zweckmässige Werkstatt und ein gut eingerichtetes Larvenatelier untergebracht.

Im *Gundeli-Käller* beleuchtet eine prächtige Laterne von Pitt Rüegger den Eingang und weist den Weg ins Cliquen-Heiligtum. Hier wird man an der Bar-Theke vom Kellerwirt empfangen, falls man zur Einstimmung einen Drink genehmigen möchte. Danach geht es in den eigentlichen Kellerraum zu Sitzungen, Zusammenkünften und anderen cliqueninternen Anlässen, wobei auch ein *Santiglaus*-Fest für die Junge Garde zum Jahresprogramm gehört. Der Raum ist lang und schmal und erforderte viel Phantasie, um ihn schön und heimelig werden zu lassen. Mit Holztäfer, Later-

nentransparenten von Pitt Rüegger, Peter Schneider, Peter Fürst und Markus Weber, sowie mit verschiedenen Helgen gelang dies vorzüglich.

Die Trommel- und Pfeifer-Übungen für den Stamm, die Junge und die Alte Garde finden in Schulzimmern statt. Nachher trifft man sich im Keller zum gemütlichen Hock. Während der Lektionen der Kinder warten manche Eltern oft an der Bar bei einem Apéro und einem kleinen Schwatz auf die Jungmannschaft.

Der CCB auf der Lyss

Der *Central-Club* Basel *CCB* gehört zu den ältesten Cliquen und erlebte eine wechselvolle Geschichte, auch in Bezug auf die Stammlokale.

In den ersten Nachkriegsjahren wechselten die *CCBler* vom damaligen Restaurant ‹Balance› ins Hotel ‹Metropol›. Davon schwärmt die Cliquenchronik: «Der Hotelier bot den Aktiven während der Fasnacht Räume an, die von unschätzbarem Wert waren, so zum Beispiel ein Zimmer für den Tambourmajor, ein Tambourenzimmer, einen geräumigen Saal für die Nachtessen, ein heimeliges Foyer und ein Treppenhaus, in dem sich die Jungen bei Wartezeiten so herrlich vergnügen konnten.» Im Jahr 1954 wurde das Restaurant im Parterre geschlossen und zu einem Kleidergeschäft umgebaut. Der *CCB* wechselte seinen Stammtisch in den ‹Baselstab› am Marktplatz, konnte aber seine Fasnachts-Utensilien weiterhin im ‹Metropol› lagern.

Doch dann geschah das Unheil: «Am 29. Dezember 1954 brach in den oberen Stockwerken des Hotels ‹Metropol› ein Grossbrand aus. Das Feuer verzehrte allmählich alle im Dachstock eingelagerte Habe des Vereins. Was das Feuer nicht schaffte, besorgte das Löschwasser und der Haken des Feuerwehrmannes: die herrlichen Laternenbilder von Kurt Götz und künstlerisch einmaligen Helgen von Burkart Mangold, die Kopf- und Steckenlaternen des Stammvereins und der Jungen Garde, Jubiläumsgeschenke und Akten, alles wurde beschädigt und zerstört.»

Im ‹Baselstab› blieb der *CCB* rund zwanzig Jahre, bis die glücklichen Stammtischrunden zu Ende gingen, als die Gebrüder Früh ihr beliebtes Restaurant an den Zürcher Mövenpickkonzern verkauften. Der *CCB* und die *Schnurebegge* verliessen, wie wir wissen, bald das damals für Fasnächtler ungastlich gewordene Lokal. Der *CCB* zog ins ‹Gifthüttli›, später in den ‹Storchen›.

«Da war», so erzählt der Chronist, «der 1975 eingeweihte Cliquenkeller auf der Lyss der ideale Lückenbüsser. Schon lange hatte der Verein ein Lokal gesucht, wo Übungen und gesellige Anlässe abgehalten werden konnten. Nun galt es, den Keller in eigener Regie und auf eigene Kosten auszuräumen, zu renovieren und einzurichten, was monatelange Arbeit, viel Schweiss (und Bier!) kostete.»

Der schöne Keller in einem Altstadthaus auf der Lyss wurde vor zwei Jahren einmal mehr renoviert und den neuen baupolizeilichen Bestimmungen angepasst. Schon der Treppenabgang mit Laternen-Entwürfen von Kurt Pauletto stimmt heiter. Unten nimmt einen eine heimelige Ausstattung gefangen. Noch vorhandene Entwürfe von Burkart Mangold und alte Fasnachts-Fotos, der Nachbau einer ehemaligen, leider verschwundenen Stammtischlampe sowie die ‹Baselstab›-Stammtischlampe gehören zum Dekor; ebenso ein prächtiger bemalter Kasten. Der *CCB*-Keller ist ein Keller zum Verweilen, ob an der Fasnacht oder beim Kellerabstieg, denn man wird freundlich verwöhnt vom Kellermeister, seiner Frau und freiwilligen Helfern.

Direkt am Rhein bei den Rhygwäggi

Der Name verrät es: Die *Rhygwäggi* gehören zum Rhein. Die 1958 gegründeten, aus der *JB-Clique Santihans* hervorgegangenen *Rhygwäggi* sind im St. Johannsquartier zu Hause. Hier war das Restaurant ‹Pfauen› zuerst ihre Stammbeiz. Als aber die Clique immer grösser wurde und dort nicht mehr genügend Platz fand, zog sie ins ‹Mövenpick›, später ins ‹Gambrinus› und dann in den ‹Braunen Mutz›. Ein *Sääli* für die Sitzungen war aber kaum mehr zu haben, weshalb sich die Clique nach einem eigenen Keller umsah. Diesen fand sie am St. Johannsrheinweg in einem Altstadthaus.

Eine Baukommission aus den eigenen Reihen und die tätige Hilfe aller Mitglieder bewirkten, dass der prächtige Gewölbekeller und die alten Sandsteinmauern vortrefflich restauriert werden konnten. Die Innendekoration besteht aus lauter Extra-Anfertigungen. Da steht man zum Beispiel schmunzelnd vor einem herrlich-witzigen Fasnachtsestrich, ein Laternenbild von Rolf Gysin. Das Fasnächtlerherz schlägt höher angesichts der vielen *glungene Sächeli,* den unentbehrlichen Details, welche zum Fasnachtsplunder gehören und darauf warten, einmal im Jahr zum Leben erweckt zu werden. Steckenlaternen von Fredy Prack, Roger Magne und Domo Löw verbreiten ein heimeliges Licht und ein Keramik-Züglein im *Rhygwäggi-Goschdym* gemahnt an *Drummeli*-Auftritte. Der Keller wurde 1975 eröffnet, vor kurzem musste er erneut renoviert werden. Ein

grosser Nebenraum bietet Platz für alle wichtigen Fasnachtsutensilien.

Im *Rhygwäggi-Käller* finden vor allem Sitzungen des Stamms, der Jungen und Alten Garde statt. Für die Trommel- und Pfeiferübungen trifft man sich in Schulzimmern. Im Keller findet man sich regelmässig zum gemütlichen Hock ein. Für die Junge Garde bedeutet das grosse Weihnachtsfest im Keller einen Höhepunkt im Jahresprogramm. Der Stamm hingegen feiert *vorusse* mit einer Open-Air-Beiz am Rheinufer jährlich die Bundesfeier am Rhein mit zahlreichen Freunden und Gästen. Ebenso beliebt ist natürlich der Kellerabstieg.

Kultur im Untergrund

Die Pflege des fasnächtlichen Brauchtums steht an erster Stelle der Aktivitäten in den Cliquenkellern. Dazu gehören vor allem die wöchentlichen Trommel- und Pfeiferstunden für die Aktiven. Von grosser Bedeutung sind ebenfalls die Trommel- und Pfeiferkurse für den Nachwuchs und die damit verbundene Anleitung für fasnächtliche Gepflogenheiten. Ergänzende Aktivitäten, wie das Basteln für die Fasnacht, Ausflüge, sportliche und gesellige Anlässe, forden von den Betreuerinnen und Betreuern der Jungen Garden viel ehrenamtliche Jugendarbeit; dass sie äusserst wertvoll ist, erweist sich immer wieder: die Buben und Mädchen erleben kameradschaftliche Zusammengehörigkeit; sie schliessen Freundschaften, die oft bis weit ins Erwachsenenleben andauern.

Neben den musikalischen Übungen legen alle Cliquen grosses Gewicht auf die Geselligkeit. Diese kann im eigenen Cliquenkeller ausgiebig und auf vielfältige Weise gepflegt werden. Auch bei dieser Gelegenheit entstehen Freundschaften, die lange Jahre halten. Sie geben den Mitgliedern das Gefühl von Geborgenheit. Dazu kommt in den Cliquenkellern die Bewirtschaftung. Ob ein Kellerwirt oder eine Kellerwirtin mit verschiedenen Helfern den ‹Laden schmeisst›, oder ob alle Mitglieder gemäss einem Einsatzplan zur Mitarbeit gebeten werden, immer bedeutet es eine Aufgabe, die angepackt werden muss. Gerade im Bereich der Gastlichkeit können Cliquenmitglieder ihren Fähigkeiten oder ihrem Hobby entsprechend (Küche,

Service, Buffet, Einkauf, Kasse) eingesetzt werden. Der Unterhalt des Kellers (Reinigung, Reparaturen, Renovationen) ruft die Handwerker der Clique auf den Plan, gibt aber auch den Bastlern und Do-it-yourself-Spezialisten Gelegenheit, sich nützlich zu machen. Diese Arbeiten werden ehrenamtlich ausgeführt und als Einsatz zum Wohl der Clique angesehen. Auch wird der Ausbau und der Unterhalt eines Cliquenlokals immer aus eigenen Mitteln berappt, was meistens durch den Verkauf von Anteilscheinen an aktive und passive Mitglieder möglich gemacht wird.

An einem Cliquenkeller wird vor allem geschätzt, dass man unter sich und ungestört ist. Dies ist besonders für Vorstands- und Sujetkommissions-Sitzungen wichtig, aber auch für Vollversammlungen wie die GV oder die Fasnachtssitzung. Mitunter kommt es auch zu Meinungsverschiedenheiten, die in den eigenen vier Wänden ausdiskutiert werden. Gerade die Suche nach einem guten Sujet für die Fasnacht wirft oft manche Fragen auf. Die Cliquen sind sozial durchmischt, deshalb kann es bei Sujet-Debatten über aktuelle und politische Themen leicht zu gegensätzlichen Meinungen kommen. Hat man aber eine allen genehme Lösung gefunden, ist der Weg frei für ein pfiffiges Sujet an der Fasnacht.

Das Ausarbeiten eines Sujets erfordert sehr viel Arbeit. Hat der Künstler oder die Künstlerin die Entwürfe für den Zug und die Kostüme abgegeben, verwandeln sich die Cliquenkeller in Arbeitsräume, in welchen Stoffe zugeschnitten, Larven kaschiert und bemalt, Kopfputz und Accessoires angefertigt und Requisitenteile gebastelt werden. Der *Zeedel* wird begutachtet und Laternenverse werden geschmiedet, wobei mit dem immer wiederkehrenden *«Wie sait me däm uff Baseldytsch?»* deutlich wird, dass die Pflege des Dialekts eine bedeutende Rolle spielt. Nicht immer ist der Cliquenkeller gross genug für all' diese Tätigkeiten, besonders dann nicht, wenn noch Übungen und Vorbereitungen für das Monstre Trommelkonzert dazukommen. Manche Cliquen haben deshalb ihrem Keller einen Arbeitsraum angegliedert; manche mieten sich für die Dauer der Fasnachtsvorarbeiten ein geeignetes Lokal dazu.

Die Cliquenlokale, nicht nur die der Stammcliquen und Alten Garden, auch die der Trommel- und Pfeifergruppen, der *Guggemuusige* und der Wagen-Cliquen sind die Orte, wo kreative Aktivitäten dazu beitragen, die Fasnacht lebendig und möglichst geistreich zu erhalten. Nur dank der ganzjährig gepflegten Cliquenkultur können die *drey scheenschte Dääg* in der gewohnten Vielfalt und Originalität stattfinden.

Die Olympia Alte Garde
unter dem Volkshaus

Manche Alte Garde trifft sich an einem bestimmten Wochentag im Keller des Stammvereins. Bei einigen Cliquen gibt es regelmässig gemeinsame Stammtischrunden im Keller, um den Kontakt zwischen den Generationen aufrecht zu erhalten. Es gibt aber auch Alte Garden, die getrennte Wege gehen und sich einen eigenen Keller einrichten. So machte es zum Beispiel die *Olympia Alti Garde.*

Im Jahr 1925 gegründet, ist sie unter den Alten Garden die Älteste. Damals baute sie sich ein eigenständiges Cliquendasein auf und lebte während etlicher Jahre sogar ziemlich distanziert von der Stammclique. Heute ist das allerdings wieder anders. Gross ist das Vergnügen bei Alt und Jung, wenn sie im Jänner gemeinsam den Vogel Gryff mit Trommel- und Piccoloklang durch das abendliche Kleinbasel begleiten. Ihren Keller im Schafgässlein stellen sie der Stammclique für verschiedene Zwecke zur Verfügung, etwa für die Übungen der Jungen Garde. Stamm und Alte Garde sind auch in den beiden Vorständen durch je ein Mitglied vertreten.

Zuerst waren die *Alt-Olymper* im Restaurant ‹Greifen›, später im ‹Schnooggeloch› und danach im ‹Volkshaus› beheimatet. Hier erhielten sie vor rund 24 Jahren den alten Lampenkeller des Rheinbrücke Warenhauses (heute Manor). Diesen putzten sie mit vereinten Kräften zu einem charakteristischen, attrak-

tiven Cliquenkeller heraus. Neben dem Keller befindet sich ein Materiallager für die Fasnachtsgerätschaften und von da aus führt eine ‹Schleuse› direkt in die Volkshaus-Beiz. Dort holen sich die *Alt-Olymper* ihre Getränke und Snacks, wenn Sitzungen und Übungen angesagt sind.

Der Keller ist ziemlich geräumig und prächtig ausdekoriert mit Laternentransparenten und Zugs- und Laternenentwürfen von Paul Wilke, Britta Pauletto, Elsbeth Thommen, Robi Hiltbrand, Rolf Vogt und Urs Burkhalter. Das *Glaibasler Charivari* benützt diesen Keller gerne für seine Presse-Informationen und Apéros; eine willkommene Gelegenheit für Fasnächtlerinnen und Fasnächtler, bei den *Alt-Olympern* einzukehren, ist der Kellerabstieg.

51

Bei der Alten Garde der VKB

Der Weg führt vom Clarahofweg durch den Schulhof zum Keller des Thomas Platter-Schulhauses. Von da steigt man hinunter ins Heim der Alten Garde der *VKB.* Dass man mit fasnächtlichen Helgen und Laternenlicht empfangen wird, ist klar. Das Besondere aber ist, dass man plötzlich unter einem äusserst originellen ‹Flaschen-Himmel› steht: Unzählige Flaschen baumeln hier in Reih und Glied von der Decke. Jetzt geht's weiter in die Pfeiferstube, wo an einem grossen Tisch geübt wird. Auf einem Schaft entlang der Wand leuchten die Morgenstreich-Kopflaternchen, die auf diese Weise das ganze Jahr über einen sinnvollen Zweck erfüllen. Gleich um die Ecke kommt man, an der Küche vorbei, zur eigentlichen Cliquenstube. Hier trifft man sich nicht erst nach den Übungen, sondern schon vorher zur Feierabendzeit. Es gibt jeweils ein einfaches, aber herrliches, vom Kellerwirt und leidenschaftlichen Hobby-Koch vorzüglich zubereitetes Nachtessen! Auch Passivmitglieder sind willkommen. Sie finden sich mit Freude regelmässig zum genüsslichen Schmaus ein.

Im Thomas Platter-Schulhaus führte die 1939 gegründete *VKB* Alte Garde von Anfang an ihre Übungen durch. Hier befand sich auch ein Arbeitskeller, der sich nach und nach zu einem heimeligen Cliquenkeller mauserte. Vor wenigen Jahren musste er gründlich renoviert und neuen Bestimmungen angepasst werden. Dank des Einsatzes etlicher Fachleute aus dem Kreis der Clique und eines grosszügigen Gönners entstand ein wahres Bijou, auf das die *VKB*-Alt-Gardisten stolz sind. Beleuchtete Glas-Scheiben und prächtige Helgen sowie Laternentransparente und eine Vitrine mit Collagen sind liebevoll gehütete Andenken an eine lange Cliquengeschichte. An den Rändern der Decke plazierte Larven schauen herab auf die fröhliche Stammtischrunde, die sich ab Herbst jede Woche einmal trifft. Selten kommen Aussenstehende in diesen Keller, nur am Kellerabstieg haben Freunde und Angehörige Gelegenheit, ihn zu besichtigen.

Die Breo im Haus zum ‹Pharisäer›

In der oberen Bäumleingasse stehen drei reizvolle, alte Häuser. Das mittlere davon, die Nummer 13, ist das Haus zum ‹Pharisäer›; es besitzt einen für Basel typischen Giebelaufzug. In seinem Keller hat sich die zweitälteste Fasnachtsgesellschaft, die 1896 gegründete *Breo-Clique,* niedergelassen. Die Nachbarn der *Breo* heissen *Alti Richtig,* deren *Begglisaal* und *Musée Carnavalet* im Haus ‹zum Hirzen›, Nummer 11, stadtbekannt sind. Auf der anderen Seite erhebt sich die Nummer 15, das Haus ‹zum Schulsack›. Das Haus ‹zum Pharisäer› wird urkundlich erstmals 1335 erwähnt, also 21 Jahre vor dem grossen Erdbeben.

Das schöne Altstadthaus beherbergte in der Zeit von 1950 bis 1955 schon einmal eine Clique in seinem Untergeschoss, die *Basler Bebbi,* die damals hier einen Cliquenkeller bauten. Doch verschiedene Schwierigkeiten, vor allem die Feuchtigkeit, bewogen sie, nach wenigen Jahren diesen Keller wieder aufzugeben.

Im November 1975 lud die *Breo-Clique* zur Einweihung ihres Fasnachtskellers Mitglieder, Freunde und Gäste ins Haus zum ‹Pharisäer› ein. Mit grossem personellem und finanziellem Aufwand war der Keller restauriert und der feuchte, schimmlige Raum in ein freundlich-warmes Cliquenlokal verwandelt worden. Denn, so heisst es im *Breo*-Jubiläumsbuch: «*Noo de Bebbi syyg dä Käller an e Baiz als Wyykäller vermietet gsii und die haigen alles lo verluedere.*» Jetzt aber wurde *zimftig* gefeiert und auf die geglückten Bau-

arbeiten angestossen. Bemerkenswert ist die durch einen Torbogen abgetrennte Vorstandsecke mit ihrem grossen, runden Tisch. Darüber hängt eine riesige Lampe, die gemeinsam von den Künstlern Lotti Kraus, Sämi Buser, Christoph Gloor, Otti Rehorek, Peter Affolter und Peter Heitz geschaffen wurde. Aus den am Gewölbe vorspringenden Sandsteinträgern hat einst ein Steinmetz der *Bebbi* Maskenköpfe gehauen, die jetzt heiter auf die *Breoaner* hinunterschauen.

Dass eine Bierreklame aus Belgien im *Breo*-Keller hängt, hat seinen Grund: Im belgischen Binche befindet sich das ‹Musée internationale du carnaval et du masque› und hier ist die *Breo* mit einem ganzen Fasnachtszug in der Abteilung ‹Basler Fasnacht› vertreten. Aber auch in den eigenen vier Wänden veranstalten die *Breoaner* gerne Ausstellungen von namhaften Fasnachtskünstlern. Ausserdem gehören sie zu den Mitinitianten des Vorstadt-Kellerabstiegs.

Die Übungen finden in Schulzimmern statt, nachher trifft man sich einmal im ‹Storchen›, einmal im Keller zum Stamm. Den Keller benützt die Junge Garde oft und gerne für allerlei Anlässe und auch Spezialgruppen üben hier für ihre Auftritte am Offiziellen Preistrommeln und -pfeifen oder für Konkurrenzen an Tambouren- und Pfeiferfesten des Schweizerischen Tambourenverbandes (STV). An der Fasnacht wird die Junge Garde im Keller verpflegt und zahlreiche Fasnächtlerinnen und Fasnächtler legen in der Bäumleingasse gerne eine Verschnaufpause ein.

Die Alte Garde der Stainlemer im ‹Schönen Haus›

Als der ‹schöne Keller› im ‹Schönen Haus› ist das Refugium der Alt-Gardisten der *Stainlemer* in den letzten Jahren bekannt geworden. Seit 1976 sind sie in diesem prachtvollen Altstadtbau am Nadelberg 6 daheim, nachdem zuerst die als Stammbeiz beliebte ‹Basler Kanne› zur ‹Pagode› und die nachher oft besuchte ‹Farnsburg› ein ‹McDonalds› wurde. Zuerst richteten sich die *Alten Stainlemer* einen typischen Fasnachtskeller ein mit lauschigen Nischen und einer erhöhten Galerie, mit einem Himmel voller Larven und vielen Bildern und Fotos. Er war lange Zeit der Ort für gemütliche Anlässe. Vor einigen Jahren, als für alle Keller neue baupolizeiliche Auflagen in Kraft traten, beschlossen die *Stainlemer* Alt-Gardisten gleich eine umfassende Neugestaltung.

Wenn man jetzt die breite Treppe hinunter in den hohen und weiten Gewölberaum kommt, so bleibt der Blick zuerst am riesigen, schmiedeeisernen Kronleuchter hängen, dessen sechs einzelne Lampen aus Steckenlaternen in Originalgrösse bestehen. Dieses Prunkstück wurde vom Mitglied und Kellerdesigner Ruedi Hänggi entworfen und eigenhändig geschmiedet. Der frühere Cliquenkünstler Rolf Vogt verlieh den Laternen farbiges Leben und die technisch Versierten sorgten für eine stabile Aufhängevorrichtung. Neben dem gut erhaltenen, neu verputzten Gewölbe ist auch der ursprüngliche, aus dem Mittelalter stammende Steinboden noch vorhanden. Mit gediegenen Vitrinen, Glaslampen, Helgen, einem Laternentransparent von Fritz Grogg und sorgfältig ausgewähltem Mobiliar passt sich dieser Keller seiner ehrwürdigen Umgebung mustergültig an.

Das ‹Schöne Haus› mit seinem Vorderbau am Nadelberg und dem dahinter gelegenen Hoftrakt ist vermutlich das älteste erhaltene Wohnhaus unserer Stadt. Es wird in der zweiten Hälfte des 13. Jahrhunderts erwähnt, in jener Zeit, als die ersten Steinbauten aufkamen. Eine Urkunde von 1295 nennt es bereits ‹Schönes Haus›, woraus man schliessen darf, dass es schon damals als besondere architektonische Leistung gewürdigt wurde. Heute dient das Gebäude verschiedenen Seminarien der Philosophisch-Historischen Fakultät der Universität.

Alles, was im Jahresprogramm der *Stainlemer Alti Garde* anfällt, findet in diesem einzigartigen Keller statt. Eine rührige Kellerkommission mit einem versierten Hobby-Koch an der Spitze sorgt für das leibliche Wohl und ist vor allem bei geselligen Anlässen und beim Kellerabstieg voll in seinem ‹Element›.

Dalbedoor- Romantik bei der Spezi

Die einen steigen abwärts in die Tiefe, die *Spezi*-Clique klettert hoch, um in ihr Cliquenlokal zu gelangen. Sie wohnt nämlich seit 1977 in drei Stockwerken des St. Alban-Tors.

Das St. Alban-Tor gehörte zur äusseren Stadtmauer, der letzten, nach dem grossen Erdbeben von 1356 errichteten Befestigungsanlage, die bis in die Mitte des 19. Jahrhunderts bestehen blieb. Das Tor befindet sich am Ende des ‹St. Alban-Bergs›, wie man die St. Alban-Vorstadt in alter Zeit bezeichnete. Beim grossen Erdbeben wurde das Tor teilweise zerstört und musste wiederaufgebaut werden. Dabei erhielt es die Funktion, den oberen rheinseitigen Abschluss von Grossbasel bewachen und verteidigen zu helfen. Davon zeugen noch heute das mächtige Holzgatter, die Aufhänge-vorrichtung für Rammpfähle im zweiten Oberge-schoss, die Schiessscharten, die Pechnase und das Wächterstübchen im vierten Obergeschoss.

Die Christoph Merian-Stiftung hat in den 70er-Jahren vom Kanton Basel-Stadt die Aufgabe übernommen, das St. Alban-Tal zu neuem Leben zu erwecken. An den Anfang dieser grossen Arbeit wurde die Restau-rierung des St. Alban-Tors gestellt. Die Basler Bevöl-kerung stiftete dazu am *Dalbeloch-Fescht* von 1975 über Fr. 300'000.

Die *Spezi*-Clique, 1905 aus dem Breite-Turnverein entstanden und eng mit dem Quartier verbunden, hatte einen Arbeits- und Übungskeller im St. Alban-Tal 35 (heute Papiermuseum) und den Stammtisch in der ‹Letzistube› (heute ‹Goldener Sternen›). Als sie beide Lokale verlassen musste, erhielt sie dank der guten Beziehung zum damaligen Denkmalpfleger, Dr. Rudolf Riggenbach, der als ‹Dinge-Dinge› stadtbekannt war, die Zusage, in den Räumen des St. Alban-Tors eine Cliquen-Behausung einrichten zu dürfen. Dies war eine grosse Herausforderung für die *Spezi*, das frisch sanierte Tor zwar fasnächtlich, aber stilgerecht aus-zugestalten. Das passende Mobiliar musste extra angeschafft werden und für einen bemalten Kasten erhielt der Künstler Ernst Rudin den Auftrag. Der Kasten ist ein Meisterstück geworden.

Steigt man die erste Treppe hoch, so kommt man in ein stimmungsvolles Sitzungszimmer. Um den gros-sen Tisch reihen sich Stabellen mit dem *Spezi*-Signet. An der Wand leuchten neuere Laternentransparente.

Im mittleren Stock stehen Tische und Stühle für die Pfeifer-Übungen und allerlei Geselliges. Eine Stecken-laternenwand taucht den Raum in fasnächtliches Licht. Ergänzt wird das Dekor durch stilvoll gerahmte Skizzen und Bilder, die von verschiedenen Künstlern stammen.

In der oberen Stube finden sich alte Laternen, jene aus dem Jahr 1951 hat Charles Hindenlang gemalt; daneben ziehen der erwähnte Rudin-Kasten sowie viele Andenken und Geschenke die Aufmerksamkeit auf sich. Alles ist perfekt ausgestellt und beschriftet.

Dass der Raum dennoch kein Museum ist, sieht man an den Tischen und Stühlen, die dazu da sind, fröhli-

chen Menschen im *Dalbedoor* einen aussergewöhnlichen Hock mit Blick über die Stadt zu ermöglichen.

61

Der Lälli-Käller in der Dalbe

Wie die Rumpler, so wurde auch die *Lälli*-Clique nach dem Auszug aus dem ‹Goldenen Sternen› an der Aeschenvorstadt heimatlos. Als Provisorium dienten ihr eine gewisse Zeit lang das Restaurant ‹Barfüsser› und Übungsräume bei den Industriellen Werken Basel [IWB]. Dann aber beschloss die Clique, sich zum 75. Geburtstag einen Keller zu schenken. Verschiedene Möglichkeiten wurden geprüft. Die Freundin eines Mitgliedes spann die Fäden zu den Besitzern des Hauses ‹zum Sulzberg› an der St. Alban-Vorstadt 15. Dieses Altstadthaus wird 1395 im Zinsbuch des Klosters St. Alban erwähnt; es diente in der Vergangenheit etlichen berühmten Baslern und Baslerinnen als Wohnhaus.

Die Kellerräume der Liegenschaft waren für ein Cliquenrefugium geradezu prädestiniert. Die *Lälli* ergriff die Gelegenheit und eine unermüdliche Bauequipe verwandelte das Untergeschoss in einen phantastischen Fasnachtskeller, der tatsächlich drei Jahre später zum Jubiläum der 1902 gegründeten Clique eröffnet werden konnte. Der Keller ist geräumig und zweigeschossig: Im unteren Teil befindet sich die Trommlerstube, eine Treppe höher üben die Pfeifer. Viele Kurse, vor allem die der Jungen Garde, alle Sitzungen und zahlreiche gesellige Anlässe finden hier statt und auch das Vereinigte Zunftspiel (zum Goldenen Stern, zum Himmel und zu Webern) hat hier seinen Übungsplatz.

Als Designer des Kellers amtete der Cliquenkünstler René Beuret. Von ihm stammen auch die Steckenlaternen und – eine einmalige Dekoration in einem Fasnachtskeller – Scherenschnitte von den Köpfen der damaligen Aktivmitglieder. Auch Fredy Prack hat herrliche Steckenlaternen gemalt und von Kurt Pauletto stammt ein prächtig bemalter Kasten. Die Räume erhalten ihren besonderen Charakter durch eine Sammlung übergrosser Plaketten aus Kupfer, durch eine Vitrine mit allerlei Andenken, ehemalige Stammtischlampen, eine alte *Lälli*-Fahne sowie durch zahlreiche Scheiben, Helgen und Skizzen verschiedener Künstler. Aber auch Raritäten, etwa Laternenentwürfe von Niggi Stoecklin oder Hermann Suters Original der Wettsteinmarsch-Noten aus dem Riehener Festspiel von 1923 sind hier anzutreffen.

Im Verschnuuffer-Käller

Der Name *Verschnuuffer* leitet sich ab von den *Schnuuffer* und *Schnoogge* der Alten Richtig. Von dort sind die *Verschnuuffer* 1957 abgesprungen. Zuerst hatten sie ihr Stammlokal in der ‹Alten Bayrischen›. Vor zwanzig Jahren, als der ‹Goldene Sternen› am St. Alban-Rheinweg wieder aufgebaut wurde, konnten sie sich im dortigen Zivilschutzraum einquartieren. Hier schufen sie sich einen gemütlichen Fasnachtskeller, der durch Holzwände und ein hinterleuchtetes Laternentransparent geradezu wohnlich wirkt. Die Übungen des Stamms und der Jungen Garde finden hier statt, und hier werden jeweils die Sujets und die denkwürdigen *Drummeli*-Auftritte ausgeheckt. Der Keller dient aber auch als Arbeitsraum und Sitzungszimmer. Die *Verschnuuffer* legen grossen Wert auf ein hohes musikalisches Niveau einerseits und auf geselliges Beisammensein anderseits. Ein Höhepunkt im Jahresablauf ist das ‹Krambambuli› im Keller, eine Feuerzangenbowle, die nach der letzten gemeinsamen Übung vor Weihnachten, serviert wird; gesponsert ist sie jeweils von den *Alten (Heimeligen) Verschnuuffer.* Für grössere Zusammenkünfte trifft man sich meistens oben im Restaurant.

Mit dem Sternenwirt haben die *Verschnuuffer* einen guten Kontakt, sie beziehen bei ihm für gelegentliche Privatfestchen die ‹Fressalien› und Getränke. Gemeinsame Übungen der Trommler und Pfeifer und Vollversammlungen finden im ‹Sternenkeller› statt; an der Fasnacht isst die Clique ebenfalls hier. Denn der cliqueneigene Keller ist den in den letzten Jahren auf gegen 80 Aktive angewachsenen *Verschnuuffer* zu klein geworden.

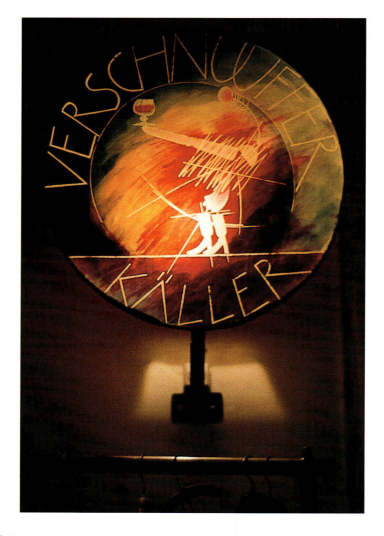

Die VKB und ihre ‹Mäss›

Von allem Anfang an war die heute 115 Jahre alte *VKB* im ‹Alten Warteck› daheim. Im Hinterhaus, das von der Brauerei Warteck teilweise als Lager benützt wurde, konnte sie sich im ersten Stock eine herrlich-gemütliche Stube, das *Böbberli* einrichten: «*Doo het s Laarve, Goschdyym, Stäggen- und Kopfladäärnli, Requisite, zämmegrollti Ladäärnebilder und sunscht no allerhand Giggernillis ghaa*», erzählt der Chronist im *VKB*-Jubiläumsbuch. Auch die Fasnachtsutensilien fanden im Hinterhaus Platz und verschiedene weitere Räume dienten jeweils als Übungs- und Arbeitslokale. 1982 ertönten aber zum letzten Mal Trommel- und Piccoloklänge aus den vertrauten Mauern. Das Hinterhaus samt Hof sowie der Saalbau des ‹Alten Wartecks› mussten dem Neubau weichen. Schon in der Planungsphase wurden Verhandlungen mit der Brauerei Warteck geführt: «*Und unseri ‹Huus-Brauerey› het s meeglig gmacht, dass iri Huus-Glygge zem ene ginschtige Mietbryys im zwaiten Untergschoss meereri Käller mit eppe 300 Quadratmeeter het kenne miete*», heisst es in der Cliquenchronik. Die neuen Räume waren Luftschutzkeller mit Betonmauern. Aus diesen galt es nun, einen geschmackvollen Cliquenkeller zu schaffen. Dass dies den *VKBlern* hervorragend gelungen ist, weiss man unterdessen in der ganzen Stadt.

Die *VKB*-Farben Gelb, Grün und Violett herrschen vor. Empfangen wird man im grünen Entrée mit Garderobe, *Begglikaschte* und Küche. Die Wände der *Drum-* *melstuube* sind gelb. Über den Bänken und den langen Tischen mit den *Beggli* befindet sich auf einem Schaft eine lange Reihe hinterleuchteter Kopflaternchen, die, typisch für die *VKB* – die Alte Garde hat es ebenso gemacht – das ganze Jahr über ihr heiteres Licht verbreiten. Ganz in Violett präsentiert sich das *Pfyfferli,* wo an grossen, runden Tischen die *Pfyffer* ihre Märsche lernen. Die Wände sind mit Laternenbildern geschmückt, als grosse Lampe leuchtet die Geburtstagstorten-Laterne der *Ueli,* und in einer Vitrine erzählen allerlei Andenken von *VKB*-Ereignissen.

Im Mittelpunkt steht aber *d Mäss!* Als ‹Offiziers- und Mannschaftsmesse› ist sie Sitzungs- und Aufenthaltsraum. Und mit ihren bezaubernden *Mäss-* und *Ressliryti*-Dekorationen und -Malereien von Rolf Jehle gemahnt sie an die Herbstmesse, die jeweils gleich nebenan auf dem Messeplatz stattfindet. In dieser einmaligen Cliquenstube wurde auch ein Teil der 100 Jahre-Jubel-Laterne verewigt. Die Vergrösserung des ersten *VKB*-Fastnachtszugs von 1884 erinnert an vergangene Zeiten.

Neben diesen wunderprächtigen Stuben befinden sich das Materiallager und das Archiv, wo alle Unterlagen, Dokumente und Protokolle über die 115-jährige Cliquengeschichte lückenlos und perfekt geordnet vorhanden sind. In einem weiteren grossen Raum ist ein wohlausgerüstetes Larvenatelier untergebracht. Hier gibt es alles, was es für eine tolle Fasnacht braucht. Und in der *Mäss* gibt es alles, was es für ein vergnügtes Cliquenleben braucht!

Die Negro Rhygass am Riehenring

Schon 1927 machten ein paar Rheingässler mit selbstgebastelten Instrumenten als *Guggemuusig* Fasnacht. Ihr Sujet hiess: *Dr Mittelholzer het miesse in Afrika notlande,* die Rheingässler waren die *Näägerli,* die ihn empfingen. So entstand der Name *Negro Rhygass.* In den folgenden Jahren gingen sie ein einziges Mal mit Trommlern und Pfeifern als Clique, nach dem Krieg als Wagenclique auf die Route. 1958 wurden die *Negro Rhygass* neu gegründet; seither sind sie von der Fasnachtsszene nicht mehr wegzudenken. Fasnächtlerinnen und Fasnächtler erkennen schon von weitem den Sound, wenn die *Guggemuusig Negro Rhygass* im Anmarsch ist. Man erkennt sie aber auch an manchem Gag und Plausch, den sie sich immer wieder einfallen lassen.

Etliche Jahre war das Restaurant ‹Dupf› die Stammbeiz der *Negro.* 1965 konnten sie ihren ersten Fasnachtskeller an der Clarastrasse, im Haus der Bäckerei Kämpf, einweihen. Dort hausten sie glücklich und zufrieden, bis die Liegenschaft dem Neubau des ‹Alten Warteck› weichen musste. Durch die Vermittlung der Brauerei erhielten die *Negro* aber bald wieder einen neuen Keller im Restaurant ‹Wurzengraber› am Riehenring 69. Dieser ist seit 1984 Ort vieler fröhlicher Zusammenkünfte. Die musikalischen Übungen finden zwar in einem Schulhaus statt, aber nachher trifft man sich im Keller.

Dort fällt als erstes ein grosses Laternenbild von Megge Kämpf auf, das zusammen mit Laternentransparenten von Peter Heitz, mit Larven, Plaketten und einer Vitrine mit Marionetten dem Raum die fasnächtliche Note verleiht. Ein Wurlitzer mit einer respektablen Oldies-Sammlung und ein Klavier lassen darauf schliessen, dass die *Negro* hier manchen singenden, klingenden, feuchtfröhlichen Abend verbringen. Daran teilhaben können immer alle Aktiven und Passiven, für die übrigen Fasnächtlerinnen und Fasnächtler ist der Keller in der *Drummeliwoche* und am Kellerabstieg zugänglich.

Die Töörli-Ambiance der Muggedätscher

Auch die *Muggedätscher* klettern steile Treppen hinauf, wenn sie in ihr Cliquenlokal gelangen wollen. Seit 1985 sind sie nämlich im St. Johannstor zu Hause. Hier bewohnen sie drei Stockwerke, in denen sie ihre fasnächtlichen und geselligen Zusammenkünfte hoch oben über den Dächern der Stadt, mit Blick auf den Rhein und die Umgebung, durchführen.

Die *Muggedätscher* wurden 1955 gegründet; sie entstammen ursprünglich der Sans Gêne-Clique. Eigentlich wären sie gerne deren Alte Garde geworden, doch verschiedene Umstände bewogen sie damals zur Gründung einer eigenen, unabhängigen Clique. Der Name *Muggedätscher* kommt von der damaligen Sendung aus dem Radiostudio Basel ‹dr Muggedätscher›. Im ‹Löwenzorn› hatten sie zuerst ihren Stammtisch, später zogen sie ins Restaurant ‹Spillmann›, wo sie einen Keller als Übungsraum einrichten durften. Als in den 80er Jahren die Stadttore restauriert wurden, meldeten sie ihr Interesse an den Stuben im *Santihans-Töörli* an.

Das St. Johanns-Tor war einst Teil des äusseren Befestigungsrings, der kurz nach dem grossen Erdbeben von 1356 um die Stadt gezogen wurde. Stadtmauer und Graben verliefen vom St. Johanns-Tor zum Rhein hinunter. Die Befestigung gegen den Fluss bildete der Thomasturm (benannt nach einer Statue des hl. Thomas an einer Turmecke). Das Tor wurde im Verlauf seiner Geschichte mehrmals um- und ausgebaut. Als man 1859 die Stadtmauer bis auf wenige Reste abbrach und die Gräben auffüllte, setzten sich denkmalbewusste Bürger für die Erhaltung des St. Johanns-Tors ein. Anlässlich der Restaurierung von 1983 bis 1985 wurde von der Originalsubstanz belassen, was noch zu halten war, etwa das alte Holztor, die ursprünglichen Balkenlagen, Teile der Treppen sowie Fragmente der Täferung.

Aus der Trommlerstube im 4. Obergeschoss und aus dem darunterliegenden Pfeiferzimmer ertönen regelmässig Trommel- und Piccoloklänge, wenn die *Muggedätscher* zu ihren Übungen antreten. Der *Töörligaischt* blickt von einer alten Laterne auf die Musizierenden, die sich nachher eine Treppe weiter unten im kleinen Sitzungs- und Küchenzimmer zum Schwatz und zum Imbiss versammeln. In der *Töörli*-Ambiance werden auch die Sujets ausgedacht und diverse *Feschtli gfyyrt*.

Die Märtplatz-Clique beim Määrt

Die *Märtplatz-Clique* wurde 1923 von zwei Geschäftsinhabern am Marktplatz gegründet. Eigentlich wollten sie nur für ihre Söhne und deren Freunde ein *Buebeziigli* auf die Beine stellen. Doch schon bald entwickelte sich eine stattliche Stammclique, die ihren Nachwuchs und die Mitglieder aus dem Quartier rund um den Marktplatz bezog. Viele Jahre lebten die *Märtplätzler* glücklich in ihrer Stammbeiz, der ‹Schuhmachern-Zunft› unweit des Marktplatzes. Die heimelige Zunftstube mit dem alten Kachelofen und dem schönen Schmiedeisengitter ist noch heute vielen Baslerinnen und Baslern der älteren Generation in lebhafter Erinnerung. Die *Märtplätzler* nahmen zwar regen Anteil am Entstehen der vielen Cliquenkeller in ihrer Umgebung, belächelten sogar hin und wieder die grassierende «Kellermanie» der andern Cliquen, selber aber sassen sie lieber in ihrer Beiz, die sie für unveränderbar hielten. Und dann kam die Veränderung doch: Durch einen Pächterwechsel wurde die behagliche Gaststube zur Snack-Bar ‹Tapas› und nur wenig später zur ‹Pizzabar› umfunktioniert. Die *Märtplätzler* standen auf der Strasse. Als Übergangslösung zügelten sie in den ‹Löwenzorn›. Für die Alte Garde wurde das Provisorium zum definitiven Stammtisch, während der Stammverein im Zunfthaus zur ‹Mägd› ihr neues Stammlokal fand. Es liegt zwar nicht mehr beim Marktplatz, hat aber neben der traditionsreichen Zunftstube grössere und kleinere Säle und Sitzungszimmer, die für die Kurse der Jungen Garde und die Trommel- und Pfeifer-Übungen des Stamms ideal sind.

Anfangs der 80-er Jahre wurde die Liegenschaft der ‹Schuhmachern-Zunft› an die Fernheizung angeschlossen und man brauchte den Kohlenkeller nicht mehr. Die Gelegenheit, im Stammhaus einen Fasnachtskeller einzurichten, packten die *Märtplätzler* beim Schopf. Um den grossen Tisch sitzt heute vor allem die Alte Garde. Sie benützt den Keller für cliqueninterne Aktivitäten, Pfeiferstunden und Sitzungen. Ein grosses Bild sowie die alte farbig-ausdrucksvolle *Zyschtigs*-Laterne von Werner Nänni gemahnen an den stadtbekannten und populären *Waggiszug* und vermitteln den typischen *Märtplatz*-Zauber. Diesen kann man weder an der Fasnacht noch am Kellerabstieg miterleben, nur am Bummelsonntag ist der Keller für die vom Gässeln durstigen *Märtplätzler* geöffnet.

73

In der Gartenbeiz der Spale

Wir steigen nüchterne Treppen im alten Spalenschulhaus, dem heutigen Gerichtsgebäude, hinunter und stehen unvermittelt in einer – Gartenbeiz! Und in was für einer! Es ist ein hübsches Boulevard-Restaurant mitten in der Spalenvorstadt mit Blick auf das Spalentor und gegen den Spalenberg, wo gerade ein Harlekin dahergässelt. Ein *Drachenbrünnli* fehlt ebensowenig wie die Strassenlaternen, und blicken wir gegen den Himmel, so funkeln dort die Sterne! Erleben wir hier plötzlich einen milden Fasnachtsabend – oder sitzen wir tatsächlich in einem Cliquenkeller?

«Die Idee, Innenräume als Aussenzonen zu gestalten, hat etwas Faszinierendes. In einem Keller eine Gartenwirtschaft zu errichten, erschien uns ein Höhepunkt!» So erzählt Innenarchitekt Markus Heeb in der Cliquenchronik. Mit seinen Wandmalereien und Perspektiven der typischen Häuser in der Spalen erzielt der Cliquenkünstler Martin Sauter einen grossartigen Effekt. Immer wieder neue, witzige Details entdeckt man beim Betrachten. Eines davon ist eine Türe, die sich als wirklich erweist und in ein *Quartierbeizli* führt. So, wie man sich ein solches vorstellt, ist es auch eingerichtet: mit Kachelofen, Wandtäfer, grossem Tisch, Stammtischlampe, Helgen und Vitrine. Dieses *Beizli* ist die Vorstands- und Sitzungsstube der *Spalemer.*

Die 1927 gegründete *Spale-Clique* führte ihre Übungen immer im Spalenschulhaus durch. Darüberhinaus mietete sie 1967 einen Keller an der Hebelstrasse. Staatliche Massnahmen im Zusammenhang mit der Sanierung der Liegenschaft zwangen die *Spalemer* auszuziehen. Aber nicht genug damit: Auch das Spalenschulhaus musste die Clique wegen des Umbaus in ein Gerichtsgebäude verlassen. Nun stand man auf der Strasse. Nach etlichen Provisorien weitab vom angestammten Spalenquartier wurde der Ruf nach einem neuen Cliquenkeller immer lauter. Aus drei Projekten des Baudepartementes konnten die *Spalemer* dann wählen: Nach der Sanierung der Liegenschaft war der Keller an der Hebelstrasse wieder zu haben; ferner standen ein Keller an der Bäumleingasse und Keller im umgebauten Spalenschulhaus zur Debatte. Für diesen entschied sich die Clique; sie ‹wohnt› also seit 1988 wieder im Quartier. Einmalige Ideen und unzählige fleissige Hände haben aus dem nüchternen Betonraum ein Cliquenlokal geschaffen, das weitgehend von dem abweicht, was man üblicherweise als Fasnachtskeller bezeichnet. Und dennoch ist die Fasnacht hier gegenwärtig. In den beleuchteten Fenstern erspäht man zum Beispiel schattenhafte Umrisse von Fasnachtsfiguren. Im angegliederten Werkraum findet sich alles, was es für die Fasnachts-Vorbereitungen braucht.

Die *Spalen-Clique* legt besonderen Wert auf die Pflege der Zusammengehörigkeit und betrachtet den Keller als das Zentrum des Cliquenlebens. Die *Spalemer* pflegen übrigens einen regen Kontakt zur ‹IG Spalentor›.

Der Rootsheere-Käller

Die *Rootsheere* sind keinesfalls alles *Heere,* sondern eine Clique von Männern und Frauen, die sich 1967 zum Fasnacht-Machen zusammengefunden haben. Die Gründer standen auf dem Marktplatz und suchten einen Cliquennamen. Als das Rathaus ihre Aufmerksamkeit auf sich zog, war der Name *Rootsheere* geboren!

Erste Stamm- und Übungslokale waren die ‹Spalenburg›, die ‹Mägd› und das ‹Rebhaus›. Dann richteten sich die *Rootsheere* einen kleinen Keller an der Feldbergstrasse ein. Aber die Clique wuchs unentwegt und bald musste sie in ein grösseres Lokal an der Clarastrasse umziehen. Aber auch hier drängte sich ein Wechsel auf und die *Rootsheere* begnügten sich zwei Jahre lang mit einem Schulzimmer für die Übungen und einem Arbeitsraum in der Spalenvorstadt. Nach der staatlichen Sanierung der Liegenschaft an der Hebelstrasse 11A, wurde der Keller neu vermietet. Es war der ehemalige Keller der *Spale-Clique*. Die *Rootsheere* griffen zu.

Zwei durch eine Türe abtrennbare, grosse Räume sind ideal für die Trommel- und Pfeiferstunden des Stamms und der Jungen Garde. Ebenso praktisch sind diese Räume auch für Sitzungen, Zusammenkünfte und für Festivitäten. Herausgeputzt ist der Keller für Mitglieder, Feunde und Gäste ein Ort zum fröhlichen Verweilen und für die *Rootsheere* der Mittelpunkt des Cliquenlebens. Allerlei Fasnachtsdekorationen, wie Laternen, Skizzen und Andenken an den Wänden und in Vitrinen erinnern an heitere Cliquen-Ereignisse. Die Kellerkommission sorgt für den Unterhalt des Lokals und die Bewirtschaftung. Jedes Mitglied wird gemäss einem Einsatzplan zur Mithilfe aufgerufen.

An der Fasnacht ist der Keller ausschliesslich für die Clique geöffnet; am Kellerabstieg hingegen herrscht ein fröhliches Kommen und Gehen auch durch ‹zugewandte Orte›.

Rechtliche Regelungen

Von hohen Instandstellungskosten und langwierigen Fronarbeiten ist die Rede, wenn ein Cliquenkeller eingeweiht wird. Ohne Zuschüsse berappt eine Clique die Unkosten für Renovation und Miete selbst. Als oberstes Gebot liest man aber in allen Keller-Reglementen: Der Cliquenkeller muss selbsttragend sein. Dies bedeutet, dass die Mitglieder vom Keller auch ausserhalb der Übungen und Sitzungen Gebrauch machen, etwa für gesellige Zwecke wie Familien- oder Firmenanlässe. Dabei bezahlt man der Clique einen Betrag für die Benützung und Reinigung des Kellers sowie für die Bewirtung. Die Getränke müssen aus dem Bestand der Clique bezogen werden.

Als in den 60er- und 70er-Jahren ein Keller nach dem anderen mit grossem Hallo eröffnet wurde, rief dies die Wirteschaft auf den Plan. Sie witterte eine unliebsame Konkurrenz, besonders als man sich erzählte, dass die Cliquen *Wälle* machten und Parties feierten. Natürlich wollten auch aussenstehende Vereine und Gesellschaften ihre Feste in einem solchen Keller durchführen, was den Cliquen zur Deckung ihrer Unkosten anfänglich sehr gelegen kam. Aber der Wirteverein leitete Gegenmassnahmen ein, und so kam es immer öfters zu Auseinandersetzungen zwischen den Cliquen und den Wirten. In mancher Cliquenchronik liest man Aufzeichnungen wie: «...so wurden auf Begehren des Wirtevereins durch das Polizeidepartement sehr einschneidende Vorschriften für die Benützung der Fasnachtskeller erlassen, die eine Weiterführung auf selbsttragender Basis fraglich machten.»

In dieser Situation arbeitete in den 80er-Jahren der damalige Vorsteher des Polizei- und Militärdepartements, Karl Schnyder, mit Vertretern der Cliquen und des Wirteverbands rechtliche Regelungen aus, die heute noch die Basis für ein friedliches Nebeneinander bilden. In diesem Zusammenhang trat am 1. Januar 1989 ein revidiertes Wirtschaftsgesetz in Kraft, das die bisher nicht erfasste Betriebsart ‹Vereins- und Clubwirtschaften› berücksichtigte.

Über die heutige rechtliche Lage äussert sich der Abteilungsleiter des Gewerbepolizeilichen Dienstes im PMD, Kurt Ehret, wie folgt:

«Die Erteilung einer Bewilligung für eine Vereins- oder Clubwirtschaft ist nur dann möglich, wenn sich das Lokal nach Grösse, Umsatz, Schliessungszeit, Standort und Beschränkung des Gästekreises von einem ordentlichen Restaurationsbetrieb wesentlich unterscheidet. Das Vereinslokal darf lediglich den Vereins- oder Clubmitgliedern und ihren gelegentlich eingeladenen Gästen und nur zu vorher genau festgelegten Zeiten, nämlich bei Vereinsanlässen, offenstehen. Der Verein darf zudem kein nach kaufmännischer Art geführtes Gewerbe betreiben und nicht in rechtsmissbräuchlicher Weise zur Erlangung der wirtschaftspolizeilichen Bewilligung vorgeschoben werden.

[...] Obwohl für den Betrieb eines Vereinslokals kein Fähigkeitsausweis erforderlich ist, müssen auch diese Wirtschaftsräumlichkeiten und deren Einrichtungen hygienisch einwandfrei, betriebssicher und leicht kontrollierbar sein; überdies haben sie im Hinblick auf die Art und den Zweck ihrer Bestimmung den bau-, feuer-, gesundheits-, wirtschafts- und lebensmittelpolizeilichen Vorschriften zu genügen.

[...] Positiv muss hervorgehoben werden, dass alle involvierten Dienststellen und Behörden mit den Cliquenkellern – (im Gegensatz zu anderen Vereins- und Clubwirtschaften!) – durchwegs gute Erfahrungen gemacht haben. Diese Keller werden ordentlich geführt und geben auch in Bezug zur Nachbarschafts- und Nachtruhe zu keinen Klagen Anlass. Wir können immer wieder feststellen, dass die Cliquenvorstände sich sehr darum bemühen, verantwortungsbewusste Cliquenbeizer mit der Betreuung des Kellers zu beauftragen.

[...] Unsere Rechtsabteilung und unsere Dienststelle haben von Departementsvorsteher Regierungsrat Jörg Schild den Auftrag erhalten, in der laufenden Legislaturperiode das derzeitige Wirtschaftsgesetz einer Totalrevision zu unterziehen und den heutigen Gegebenheiten anzupassen.

[...] Wir werden uns allerdings darum bemühen, dass der Betrieb von eigentlichen Cliquenkellern nicht mit unsinnigen Auflagen erschwert wird. Hier werden wir uns sicher via Fasnachts-Comité mit den Cliquenvorständen auseinandersetzen.»

Es hat sich eingebürgert, dass etliche Cliquen ihre Mahlzeiten als Catering von Restaurants beziehen, was die Wirte versöhnlich stimmt. Auch bleiben manche Fasnächtlerinnen und Fasnächtler nicht mehr ausschliesslich in ihren Kellern sitzen, sondern treffen sich auch wieder in Wirtschaften. Die Preise in den Kellern sind vielfach nicht mehr wesentlich billiger, so dass die Gäste vor allem der Ambiance wegen einen Fasnachtskeller aufsuchen. Für auswärtige Gäste gelten die Cliquenkeller heute als Sehenswürdigkeit; sie werden daher bei Stadtführungen gerne gezeigt. Dass sich die Keller durchwegs in einem sehr sauberen und gepflegten Zustand befinden, erhöht erst recht ihren Reiz und ihre Beliebtheit.

Bi de Glunggi dehaim

Schon der Eingang ist etwas Besonderes: Ein Blumengeschäft empfängt die Besucher an der Bäumleingasse 7 im Parterre. Der feine Duft der Pflanzen und Blüten begleitet uns die Treppe hinunter zu einer fantastischen Holztüre mit reizvoller Intarsienarbeit. Der Cliquen-Schreiner hat in die Türe von beiden Seiten her eine Trommler- und eine Pfeiferfigur aus hellerem Holz eingelegt, die in den *Glunggi*-Keller eintreten. Hier befinden wir uns in zwei geschmackvoll eingerichteten Räumen, die durch eine von Roger Magne lustig und farbenfroh bemalte Türe getrennt werden. Vom selben Künstler stammt im hinteren Raum eine grosse Laternenwand, die der Stube heimeliges Licht verleiht. Im andern Raum, in dem noch ein Teil der alten Steinmauer des Altstadthauses sichtbar geblieben ist, steht der runde Vorstandstisch mit einer Stammtischlampe. Aus Wandnischen gucken reizende Keramikfiguren hinunter, einige Bilder, Scheiben und Andenken gehören ferner zur Innenausstattung, die aber ohne viel Fasnachtsutensilien auskommt. Für die *Glunggi* soll der Keller das ganze Jahr über in erster Linie Ort der Geselligkeit sein.

Die *Glunggi* wurden 1966 gegründet. Als man einmal zusammensass und auf die Zuspätkommenden warten musste, entstand spontan der Name *Glunggi*. In den Restaurants ‹Salmen›, ‹Spalenburg› und ‹Rheinfelderhof› waren sie zuerst Stammgäste; danach richteten sie sich einen Keller an der Grellingerstrasse ein. Aber die Clique wuchs und entwickelte sich zur grossen Stammclique mit Junger und Alter Garde; der Platz reichte nicht mehr. Sie hörten, es gebe da einen Keller an der Bäumleingasse, in dem das Gerichtsarchiv verwahrt wurde. Geduldig warteten die *Glunggi*, bis dieses Lokal zu haben war. Jetzt fühlen sie sich in seiner gepflegten Ambiance sehr wohl.

Beim Pfluderi-Asyl

Die Alte Garde der *Pfluderi-Clique*, das *Pfluderi*-Asyl, wurde 1963 gegründet. Mit grosser Freude richteten sich die älteren *Pfluderi*-Leute damals einen Keller am Picassoplatz ein. Leider mussten sie diesen nach einiger Zeit wieder verlassen, weil die Liegenschaft abgerissen wurde. Sie suchten natürlich nach einem geeigneten Ersatz. Die *Glunggi* waren dabei, ihren Keller an der Grellingerstrasse aufzugeben und an die Bäumleingasse zu ziehen. Das war die Gelegenheit für die *Pfluderi-Alt Gardisten.* Sie mieteten sich im schönen Privathaus an der Grellingerstrasse ein. Man renovierte und veränderte so, wie man es haben wollte. Eine benachbarte alte Garage als Trommlerstube und einen Lagerraum als Larvenatelier konnten sie dazu bekommen. So haben sie sich ein wunderschönes und heimeliges Lokal geschaffen, das 1991 eröffnet wurde.

Am grossen Tisch in der Cliquenstube haben alle Aktiven Platz. Das Cliquenleben findet in diesem liebevoll eingerichteten Keller statt. Man fühlt sich wohl unter der Stammtischlampe, inmitten der Laternentransparente, der Plakettensammlung, der Original-Tambourmajorstöcke verstorbener Majore und Gründer und umgeben von Fotos, Larven, Steckenlaternen und Andenken an vergangene Zeiten. Natürlich ist für eine Alte Garde die Pflege der Geselligkeit das Wichtigste im Jahresablauf. Für einen gemütlichen Hock, ein lustiges Fest, einen Fondue-Plausch oder ein Weihnachtsessen sind die *Pfluderi-‹Asylanten›* immer zu haben!

Nichts Antikes bei den Antygge

Wer glaubt, bei der Tambouren- und Pfeifergruppe *Die Antygge* auf Altertümliches und Verstaubtes zu stossen, sieht sich getäuscht. Ihr Keller im Gebäude der UBS am Claraplatz wirkt hell und freundlich. Das Wort *antygg* als Name hat die Clique deshalb gewählt, weil sie damit ihre Liebe zur Fasnachts-Tradition und deren Pflege ausdrücken will.

Als Männerclique wurden *Die Antygge* 1969 gegründet, blieben dies aber nur zehn Jahre lang. Eben nicht altväterisch, sondern aufgeschlossen entwickelten sie sich rasch zu einer Familien-Clique.

Ein eigentliches Stammlokal hatten *Die Antygge* nie; sie zogen von Beiz zu Beiz. Anno 1993 bekamen sie die Gelegenheit, im Untergeschoss des Bankgebäudes ein Lokal zu mieten. Durch die Mithilfe aller Mitglieder entstand aus dem ehemaligen Zivilschutzraum und später als Lager benutzten Keller eine gemütliche Cliquenstube, in der man sich sogleich wohl fühlt. Von Dätt Marti stammen prächtige Steckenlaternen und von Beat Zeuggin eigenwillige, künstlerische Metall-Objekte. Helgen, Fotos und Andenken zaubern fasnächtliche Ambiance. Geübt wird natürlich auch nicht ‹antik›, sondern sehr zeitgemäss, sind doch so brillante Tambouren wie die legendären ‹005› aus den *Antygge* hervorgegangen. Der Cliquenstube ist ein Arbeits-, Trommel- und Larvenraum angegliedert, wo die Fasnacht vorbereitet wird. Im Keller spielt sich auch das Cliquenleben ab; alle Sitzungen und Übungen finden hier statt, aber auch manch lustiges Fest. Am Kellerabstieg herrscht immer Hochbetrieb!

Keller und Castle der Schotte

Wenn *d Schotte* in ihren Kilts und Bärenfellmützen daherkommen, ernten sie immer viel Applaus. Sie wurden 1947 als ‹Hirscheneck›-Clique gegründet und spielten als erstes Sujet die damals in einem Warenhaus durchgeführte Schottenwoche aus. In Schottenkostümen, mit selbstgebastelten Dudelsäcken und fantasievollen Instrumenten machten sie als *Guggemuusig* die Strassen von Basel unsicher. Man nannte sie bald die ‹Hirscheneck›-*Schotten,* seit 1953 heissen sie *Schotte-Clique.*

Die *Guggemuusig Schotte-Clique* ist seit 1992 im Herzen Kleinbasels, an der Rebgasse 17, in einem wunderschönen Keller daheim. Auf einer eindrücklichen Stammtischlampe des Glaskünstlers Hans Joachim Albert ist nach einem Entwurf des Cliquenkünstlers René Gautschi die Cliquengeschichte festgehalten. Haupt-Augenweide ist aber eine Wand mit 47 Kopflaternchen, welche die Fasnachtscliquen den *Schotte* zur Einweihung des Kellers geschenkt hatten. Hier wird gefestet und gefeiert, aber es wird auch viel geübt, gearbeitet und Ideen werden ausgeheckt für die Fasnacht und für Auftritte im In- und Ausland.

An Stadtfesten nehmen die *Schotten* gerne teil. Dafür haben sie das *Schotte-Castle* gebaut, ein Schloss, das auf einem Festplatz aufgestellt werden kann und als einmalige Festbeiz in Basel immer wieder Furore macht. Ob im Keller oder im Castle: *bi de Schotte fäggt s!*

Brauchen Junteressli einen Stall?

Ein veritables *Junteross* steht beim Eingang und empfängt die Eintretenden. Da es aber trotz Rosskopf und Pferdeleib zur Gattung der Zweibeiner gehört, weist es nicht den Weg in einen Stall, sondern in einen geräumigen Gewölbekeller. Die mit alten Kopflaternchen beleuchtete Treppe führt zunächst in die Bar, wo sich die *Junteressli* an der Theke mit Tranksame und Snacks eindecken, wenn Sitzungen, Trommel- oder Pfeiferstunden auf dem Programm stehen. Der gefällige Kellerraum bietet Platz für die gesamte Clique, so dass auch alle Versammlungen wie die GV und die Fasnachtssitzung hier bequem abgehalten werden können.

Den Abschluss des langen Gewölbes bildet eine grosse, den ganzen Keller dominierende Laternenwand mit dem Fasnachts-Olymp, gemalt von den ILMV-Künstlern Peter Affolter, Walter Lienert, Peter Heitz, Otti Rehorek, Peter Fürst und Mirjam Pierig. Fünfzehn Laternenentwürfe von Peter Affolter zieren die eine Wand, gegenüber finden sich Laternenseiten, Steckenlaternen und Helgen. Steht man plötzlich vor einer Pfeiferin im vollen *Goschdym,* wird man zwar nicht gleich intrigiert, aber die lebensgrosse Puppe erinnert daran, wenn es Zeit wird, das Repertoire auswendig zu können…

Die 1969 gegründeten *Junteressli* gehören zu jenen Cliquen, die von allem Anfang an gemischt, d.h. eine Clique mit Männern und Frauen waren. Nur wenige Jahre später gründeten sie die *Junge Junteressli,* die sich bald zu einer der grössten Jungen Garden entwickelten.

Die *Junteressli* verkehrten zuerst in der ‹Glaibasler-Stube›, wo sie im Bügelzimmer üben durften. Nachher erhielten sie Gastrecht bei der *VKB* in jenem Warteck-Hinterhaus, das später beide Cliquen wegen der Neu-Überbauung räumen mussten. Ein paar Jahre diente ein Lagerraum im Hotel ‹Europe› als Cliquenlokal, bis man von einem freien Keller an der Hammerstrasse erfuhr. Dieser wurde zur gemütlichen Fasnachtsstube umgebaut, wo fortan das Cliquenleben stattfand. Aber nicht nur der Stamm wurde grösser und grösser, auch die Junge Garde wuchs schnell. Bald musste man die Frage nach einem geräumigeren Lokal stellen. Dank dem Entgegenkommen eines Hausbesitzers aus den eigenen Reihen konnten sich die *Junteressli* 1994 im alten Gewölbekeller an der Drahtzugstrasse 69 einmieten. Neben dem grossen Cliquenraum und der Bar ist auch eine Küche eingerichtet und im oberen Stock steht ein zusätzliches Übungs- und Arbeitszimmer zur Verfügung. Natürlich wurde der Keller aus eigenen Kräften umgebaut und instandgestellt. Heute erinnert man sich lachend an die damaligen Strapazen und geniesst es, wenn unter dem Gewölbe nicht nur geübt und gearbeitet wird, sondern auch kleinere und grössere Feste steigen.

89

Die AGB-Stube

Die *Alte Glaibasler (AGB)* gehört zu den ältesten Cliquen; sie wurde 1923 gegründet. Im ‹Rheinfelderhof› gingen die *Alten Glaibasler* früher ein und aus, Stammlokal war und ist aber seit langer Zeit das ‹Rebhaus›. Im Saal für die Übungen, in der Beiz mit Stammtisch und Lampe fühlten sich die *AGBler* richtig daheim. Die Clique wurde mit den Jahren grösser; man gründete eine Junge und später eine Alte Garde. Kurse, Trommel- und Pfeiferstunden mussten in Schulzimmer verlegt werden.

Die Clique legt Wert auf die Pflege der Freundschaft und Kameradschaft und veranstaltet unter diesem Motto auch manche Anlässe während des Jahres. War es da nicht naheliegend, einen Cliquenkeller zu suchen, wo man unter sich ist, diskutieren und schwatzen und feiern und festen kann? Die Nachricht, dass die *Junteressli* aus ihrem alten Keller in einen neuen ziehen, kam den *AGBlern* gerade recht. Sie konnten sich sofort an der Hammerstrasse 71 einmieten und bauten den Raum für ihre Bedürfnisse und nach ihrem Gusto um.

Das Kellerdesign entwarf Heinz Wittwer, der jetzt auch als Kellerwirt im Einsatz ist. Unter seiner Leitung schuf die Baukommission 1994 innert kurzer Zeit eine einnehmend schöne Cliquenstube. Im Licht alter Laternentransparente, die an der Decke montiert wurden, lässt es sich genussvoll verweilen. Auch die Alte Garde «kunnt als gäärn go yynehöggle», erzählt

der Kellerwirt. Im Rebhaus gibt es aber nach wie vor die gemütliche *AGB*-Ecke mit dem Stammtisch, wo man sich ebenso gerne trifft. Turnusgemäss kommt man zweimal im Monat im ‹Rebhaus› und zweimal im Keller zusammen. Im Keller finden alle Sitzungen und Übungen statt sowie die geselligen Anlässe und das interne Preistrommeln und -pfeifen der Jungen Garde. Am Kellerabstieg, in der *Drummeli*-Woche und an der Fasnacht ist der Keller offen und zahlreiche Freunde, Fasnächtlerinnen und Fasnächtler lassen sich vom Kellerwirt und seinen Helfern gerne verwöhnen.

Wo die Rätz-Clique rätzt

Die *Rätz* rätzt im ‹Rheinfelderhof›, denn dort befindet sich der Trommlerkeller der Clique. Hier üben die Tambouren des Stamms und der Jungen Garde ihr Repertoire und hier werden die *Binggis* mit Böckli und Schlegel vertraut gemacht. Karikaturen von Mitgliedern, in den 50er-Jahren von Louis Moor gezeichnet, Kostümentwürfe, Larven, ein Laternenfragment von Paul Wilde, *Sytediirli* sowie Helgen, Figuren und Glasscheiben geben dem Raum den fasnächtlichen Touch. Aber das ist noch nicht alles: Im Kleinbasler Brückenkopf der Wettsteinbrücke besitzt die *Rätz-Clique* noch ein weiteres Cliquenlokal, das auch als Werkstatt und Materialdepot dient.

Die heute 76 Jahre alte *Rätz-Clique* hatte einst ihren Stammtisch im Restaurant ‹Schöneck›. Von dort zügelte sie 1979 in den ‹Rheinfelderhof›, wo sie noch heute ‹zu Hause› ist. Die ehemalige Kegelbahn durfte die Clique damals in einen Fasnachtskeller verwandeln, der aber hin und wieder auch vom Wirt in Anspruch genommen wurde.

Und dann erlebte die Clique einen grossen Glücksfall: Nachdem 1995 der Neubau der Wettsteinbrücke stand, erhielt sie nicht nur den kleinen Lagerraum zugesprochen, sondern dazu auch ein grösseres Lokal auf der Seite der Theodors-Anlage. Die cliqueninternen Baufachleute traten in Aktion und machten aus dem ungastlichen Ort einen modernen Cliquenkeller. Ein Stück Mauer der alten Wett-steinbrücke erinnert an vergangene Zeiten. Auf einer Leinwand können Dias von der Fasnacht und Laternenhelgen betrachtet und begutachtet werden. Das Einzigartige aber sind die Zeichnungen von Cornelia Ziegler, welche das Jubiläum und den Jubiläumszug der *Rätz* zum Thema haben. Fest montiert sind sie zu einer grossartigen Ausstellung zusammengefügt worden. Diese Bildergalerie von bleibendem Wert ist das Geschenk der Stammcliquen und Alten Garden zum Jubiläum der *Rätz-Clique.*

Während die Trommler im Keller des ‹Rheinfelderhofs› üben, finden die Pfeiferstunden für den Stamm und die Junge Garde in diesem neuen Raum statt. Für die Vorstands- und Sujetsitzungen sowie für gesellige Anlässe ist der attraktive Cliquenkeller bestens geeignet. An der Fasnacht erholen sich hier viele Fasnächtlerinnen und Fasnächtler von den Strapazen der Route und am Kellerabstieg wird er natürlich ebenfalls fleissig besucht.

Die Beiz der JB Santihans

Ebenerdig tritt man ein in die attraktive Wirtschaft mit einer davor liegenden Gartenbeiz. Hier ist das Cliquenlokal der *JB Santihans:* Neu gebaut, geschmackvoll eingerichtet, ein rundum *aamächeliges* Lokal. Und im Untergeschoss befindet sich erst noch ein Fasnachtskeller für den Trommelunterricht. Die Clique schenkte sich dieses Bijou 1995 zum 75. Geburtstag.

Anno 1920 wurde die *JB Santihans* aus den Reihen des Young Boys Fussball-Clubs Basel gegründet. Von Anfang an war es eine gemischte Clique: Männer und Frauen wurden aufgenommen. Im Restaurant ‹Nordbahnhof› war die Clique stets zu Hause. Zwischenzeitlich wich man zwar wegen eines Wirtewechsels in den ‹Elsässerhof› oder ins ‹Salmeck› aus, kehrte aber, als sich die Situation gebessert hatte, gerne wieder zurück. Die Kegelbahn neben dem Restaurant baute die *JB* aus und richtete sich darin ein Übungslokal ein.

1984 beschloss die Clique die Gründung einer Genossenschaft, wobei die Anteilscheine ausschliesslich an Mitglieder abgegeben wurden. Diese Genossenschaft erwarb von der Brauerei ‹Feldschlösschen› die ganze Liegenschaft. Der Wirt wurde Pächter und die Clique Mieterin der ‹Genossenschaft Nordbahnhof Basel›. Als die Kegelbahn für die Bedürfnisse der *JB* zu eng wurde, riss man das Gebäude ab und erstellte einen Neubau, in dem sich nun die wunderschöne Beiz der *JB Santihans* befindet.

Der Blick fällt sofort auf eine effektvolle Wandmalerei. Sie stellt eine Hausfassade dar mit Fenstern, welche sich beim näheren Zusehen als Vitrinen erweisen, und mit einer Türe, durch welche gerade ein Fasnachtszüglein mit *JB*-Steckenlaternen schreitet. Diese Steckenlaternen sind aber nicht aufgemalt, sondern echt und leuchten. Nischen mit Pflanzen, eine Katze vor dem Haus und andere Details vervollkommnen die Quartier-Idylle. Diese Malerei stammt vom Cliquenkünstler Jürg ‹Güggi› Widmer und war das Geschenk der Stammcliquen zum Jubiläum der *JB.* An einer anderen Wand werden in Vitrinen ein Dutzend Ebenbilder von Laternen in Modellgrösse aufbewahrt, die sich ein Mitglied jeweils als Kopflaternchen gebastelt und getragen hat. Eine hübsche Rarität! Dieses Parterre-Lokal wird als Pfeiferstube benützt, während gleichzeitig im darunter liegenden Keller die Trommler üben. Auch die Kurse der Jungen Garde werden hier durchgeführt. Nachher treffen sich die *JBler* zum gemeinsamen Stamm. Im Sommer können sie die grossen Fenstertüren öffnen oder in der Gartenwirtschaft den Abend geniessen. Die Innenausstattung mit ausgesucht schönen Tischen und Stühlen macht diesen Raum zum angenehmen Ort vieler Anlässe und Feste, wobei der Wirt des Restaurants ‹Nordbahnhof› für das leibliche Wohl der Anwesenden sorgt.

Die Versoffene Deecht (DVD) in der Aesche

In einem modernen Geschäftshaus der Aeschenvorstadt sind die *Versoffene Deecht* in ein Kellerlokal eingezogen. Dort standen sie zunächst vor nackten Betonwänden. Mit vereinten Kräften gelang die Verwandlung zum gefälligen Fasnachtskeller. Unterteilt in zwei Räume, durch eine schöne Holztüre abgetrennt, können hier gleichzeitig Tambouren und Pfeifer üben. Die Junge Garde lernt und übt ebenfalls hier die Märsche für die Fasnacht. Die Vorstands- und Gruppensitzungen, die Übungen und Veranstaltungen aller Art spielen sich in diesen schönen Stuben ab. Die Pflege der Geselligkeit haben sich die *Versoffene Deecht* zum Motto gemacht.

Wie kamen eigentlich die 1967 gegründeten *Versoffene Deecht* zu ihrem Namen? Das damals noch kleine Grüpplein von idealistischen Fasnächtlern war in einer Scheune ausserhalb der Stadt mit den Fasnachtsvorbereitungen beschäftigt. Die Scheune hatte keinen elektrischen Anschluss und abends musste bei Kerzenlicht gebastelt werden. Da drückte ein Windstoss den Docht ins flüssige Wachs – *der Doocht isch versoffe!* – alle standen im Dunkeln. Der Cliquenname aber war durch die Sprüche und Witze über den ‹versoffene Doocht› gefunden! Zwar dachte damals noch niemand daran, dass er länger als eine Fasnacht halten würde. Aber er hält heute noch und wird gelegentlich mit *DVD* abgekürzt.

Der Clique gehören, wie wohl allen in den 60er Jahren gegründeten Cliquen, sowohl Männer als auch Frauen an. Eine Junge Garde wurde bald ins Leben gerufen und erhielt ständigen Zustrom von Mädchen und Buben. Der erste Keller im Vogelsangschulhaus wurde zu klein und die *DVD* suchten sich eine Bleibe im Stadtzentrum. Diese fanden sie in der Aeschenvorstadt. 1996 eröffneten sie ihren Keller. Die hinterleuchteten Laternentransparente an der Decke geben ein warmes Licht und an der grossen Bartheke, deren Stirnseite vom Cliquenkünstler mit Fasnachtsfiguren bemalt wurde, lässt es sich gemütlich sitzen und plaudern.

Ein Stockwerk tiefer verfügen die *DVD* aber noch über zwei stattliche Arbeits- und Lagerräume, wo vom Larvenatelier bis zur Werkstatt alles greifbar ist, was es für die Fasnachtsvorbereitungen braucht.

Im ‹Pensiönli›
der Schnurebegge-Schlurbbi

Es ist Mittag am Samstag, 6. Juni 1998. Vor dem Hotel ‹Merian› künden Trommel- und Piccoloklänge an, dass etwas Besonderes im Gange ist: Im fröhlichen *Ziigli* marschieren die Alt-Gardisten der *Schnurebegge*, die *Schlurbbi,* durch die Rheingasse bis zur Nummer 29. Hier feiern sie an diesem Sommernachmittag mit vielen Helfern, Gönnern, Gästen und Freunden die Einweihung ihres neuen Cliquenlokals.

Das Haus ‹zum Kronenberg› an der Oberen Rheingasse 29 stammt aus dem Mittelalter. Es hat seinen gotischen Charakter weitgehend behalten und war während seiner wechselvollen Geschichte meistens von Kleinbasler Handwerkerfamilien bewohnt. Berühmt wurde die Liegenschaft in unserer Zeit durch Yvonne und Jules Huber, die hier rund 30 Jahre lang eine Pension betrieben. Zu ihren Gästen gehörten Matrosen und Schlafwagenschaffner, die sich in der Pension Huber – im Kleinbasel ‹s Pensiönli› genannt – sehr wohl fühlten. Die Beiz im Parterre war der Geheimtip aller Kleinbasler, die nach Wirtschaftsschluss noch einen gemütlichen Ort zum *Überhökkeln* suchten. Im ‹Pensiönli› gab es jederzeit noch etwas *zem Sirpflen* und *zem Mampfe!*

Als das Ehepaar Huber die Pension altershalber aufgab, nutzten die *Schlurbbi* die verlassene Beiz als Larvenatelier. Dabei wurden sie *gluschtig* auf diese einmalige Lokalität und begannen, sich um die Lie-

genschaft zu kümmern. So erfuhren sie von den Kaufabsichten des Architekten Werner Walther, der das Haus von der ZLV erwerben, renovieren und in Eigentumswohnungen umgestalten wollte. Die ehemalige *Beiz* im Parterre stand als Stockwerkeigentum plötzlich in greifbarer Nähe. Wie aber sollten die *Schlurbbi* so etwas finanzieren?

Die Gründung einer Genossenschaft war die Lösung. Die *Schlurbbi*-Mitglieder kauften Anteilscheine, die Genossenschaft erwarb das Parterre im Stockwerkeigentum und vermietet nun das Lokal an die Clique. Eine Baukommission mit Initiator Paul Kaiser und viele Helfer schufen aus der ehemaligen *Beiz* eine faszinierende Cliquenstube samt Küche. Während der Bauarbeiten wurden die *Schlurbbi* aber noch einmal *gluschtig:* Auf ein *Sääli* im Hinterhof! Man ging wieder über die Bücher und entschied, auch diesen Raum zu kaufen und darin eine Trommlerstube einzurichten. Ein *Hööfli* zwischen den beiden Räumen gehört ebenfalls dazu und eignet sich bestens für sommerliche Apéros.

‹S Pensiönli› der *Schlurbbi* hat seither in der Fasnachtswelt Furore gemacht. Kein Wunder, denn sowohl die Cliquenstube mit der originellen Wandmalerei (es sind die Noten des *Schlurbbi*-Marsches!) als auch die freundlich-helle Trommlerstube mit der wunderschön gestalteten Glas-Laterne, den zahlreichen Bildern und Andenken sind sehenswert und laden zum Verweilen ein. Verweilen tun denn die *Schlurbbi* auch ausgiebig, denn das ‹Pensiönli› ist das Zentrum ihres Cliquenlebens. Geöffnet ist es auch am Kellerabstieg, am Vogel Gryff und an der Fasnacht. Gern gesehene Gäste sind unter anderem die Stamm-Mitglieder und die Junge Garde der *Schnurebegge*. Deren Name stammt übrigens vom einstigen Stadttambour, der als Ausrufer Mitteilungen verkündete. Er hiess Beck und konnte gut und laut *schnure,* man nannte ihn ‹dr Schnurebegg›!

Die Alte Garde der Spale am Spalenberg

Ein doppeltes Jubiläum wirft bereits sein Licht voraus: Im Jahr 2002 wird die *Spale-Clique* 75 und deren Alte Garde 25 Jahre alt. Während der Spale-Stamm seine Gartenbeiz im alten Spalen-Schulhaus geniesst, haben sich die Alt-Gardisten den Wunsch nach einem eigenen Keller erfüllt. Und diesen – zur Zeit jüngsten Fasnachtskeller – haben sie just am Tag der Sonnenfinsternis, am 11. August 1999, mit einem vergnüglichen Fest eingeweiht.

Am 1. Januar dieses Jahres konnten die *Spalemer* Alt-Gardisten in das Untergeschoss eines Altstadthauses am Spalenberg einziehen. Der Keller war allerdings in einem desolaten Zustand, aber mit grosser Begeisterung machten sich die *Alten Spalemer* an die Arbeit. Die Räumlichkeiten wurden gehörig herausgeputzt und in eine aparte Cliquenstube verwandelt. Das war nicht leicht, denn frühere Mieter hatten ihre Spuren hinterlassen. So entstand zum Beispiel aus dem ehemaligen Schwimmbad eines Sauna-Clubs die heutige Trommlerstube und daneben wurde ein Weinkeller eingerichtet. Gekonnt renoviert und mit neuen Lampen ins richtige Licht gesetzt, kommen eine alte Bruchsteinmauer und ein Türbogen aus Sandstein bestens zur Geltung. Ein Cheminée verleiht dem Raum Wohnlichkeit und an der grossen Bar-Theke versammelt man sich zum Umtrunk und zum gemütlichen Plaudern. Dezent wirkt die Dekoration mit Bildern, Laternenhelgen, einer Stammtischlampe und allerhand Andenken.

Die *Spalemer* Alt-Gardisten hatten zuvor ihren Stammtisch im Restaurant ‹Salmen›. Auch im Keller der Stammclique sassen sie gerne. Heute aber sind sie glücklich, in ihren eigenen vier Wänden unter sich zu sein. Alle Cliquen-Aktivitäten finden hier statt. An der Fasnacht ist der Keller geöffnet; er bedeutet, oben am Spalenberg gelegen, für viele Fasnächtlerinnen und Fasnächtler ein willkommenes Ziel für einen Pausenhalt.

Licht und Schatten

Hinterleuchtete Laternentransparente sorgen in den meisten Cliquenkellern für stimmungsvolles, gedämpftes Licht, das keine Schatten wirft. Dennoch erfahren einige Cliquen auch die Schattenseiten der Keller. Schon in einem der ersten Cliquenkeller, in jenem der *Sans Gêne,* wurde nach zwanzig Jahren die Frage laut, ob das ‹Kellerhocken nicht etwas überlebt sei?› Auch andere Cliquen bekamen nach den ersten Jahren der ‹Keller-Euphorie› eine Flaute zu spüren. Besassen für die Keller-Pioniere selber verputzte Mauern, selber verlegte Böden und eine selber entworfene Dekoration einen grossen Erinnerungswert, so bedeutete solches für die nachfolgende Generation reine Selbstverständlichkeiten. Entsprechend erlahmte der Elan der Cliquenmitglieder, im Keller die nötigen Arbeiten zu verrichten oder sich für die Bewirtschaftung zur Verfügung zu stellen. Auch begann man da und dort von Isolation zu sprechen, in die das Kellerdasein führe. Man wollte einerseits den Keller nutzen, anderseits aber auch wieder mehr ‹unter die Leute gehen›. So wird manchenorts nach einer neuen Keller-Philosophie gesucht.

Ein paar Cliquen haben sie bereits gefunden: Kellerfeste finden meistens nur dann statt, wenn es etwas Besonderes zu feiern gibt. Eine Clique hat für die dadurch geringeren Keller-Einnahmen einen jährlichen Keller-Beitrag von 50 Franken pro Mitglied festgelegt. Eine andere Clique hat einen ‹Profi-Wirt› angestellt. Verschiedene Cliquen haben in den Reihen der jungen Mitglieder wieder geeignete Hobby-Wirte gefunden oder bringen mit einem Einsatzplan alle Mitglieder dazu, sich für den Keller zu engagieren. Es gibt Cliquen, die ihre Stammbeiz nie ganz aufgegeben haben und dort ebenso oft verkehren wie im Keller. Andere haben einen Turnus eingeführt, nach dem man sich abwechslungsweise in einer Beiz beziehungsweise im Keller trifft. Diese Lösung macht auch den Wirten Freude.

Als vor wenigen Jahren neue baupolizeiliche Auflagen erlassen wurden, mussten viele Cliquen ihren Keller renovieren und den neuen Vorschriften anpassen. Auf diese Weise keimte auch bei der jüngeren Generation wieder ein Quentchen Idealismus. Freilich: Die Zeiten der alten ‹Keller-Euphorie› sind endgültig vorbei. An ihre Stelle ist aber eine eigentliche Cliquenkeller-Kultur getreten.

Treffpunkt Kellerabstieg

Auf unserem Rundgang durch 40 Fasnachtskeller haben wir einen Blick in die ‹gute Stube› verschiedener Cliquen geworfen. Es gibt in Basel aber ungefähr doppelt so viele Cliquenlokale. Sie alle in Wort und Bild vorzustellen, würde den Rahmen dieses Buches sprengen.

Die meisten der aufgenommenen Cliquenkeller sind am Kellerabstieg in ihrem Gebiet (Innerstadt, Vorstädte, Kleinbasel) für Freunde und Gäste geöffnet. Ausnahmen gibt es zwar auch, vor allem bei etwas abgelegenen Kellern. Mit der nachfolgenden Liste zur Ergänzung des bisher Geschilderten beenden wir unseren Abstiegs-Bummel durch die Cliquenkeller.

Wer ist wo
am Kellerabstieg anzutreffen?

In der Innerstadt

D Basilisgge	Nadelberg 17
Die Abverheyte	Petersgraben 20
D Luuskaibe	Spalenberg 58
D Schnäderänte	Pfeffergässlein 5
D Schnurepfluderi	Kornhausgasse 2
D Basler Logen-Clique	Leonhardsstapfelberg 4
D Basler Dybli	Eisengasse 9

In den Vorstädten

Die Vertschubblete	Hagenbachstrasse 1
D Gugge-Mysli	Jak. Burckhardt-Str. 38
D Guggemuusig Mohrekepf	Aeschenvorstadt 36
D Kloschterräbe	Theaterstrsse 12
D Fuegefäger	Steinenvorstadt 19
D Privé-Waggis	Steinenvorstadt 53
D Luscht-Melch	Steinenvorstadt 69
D Schnoogekerzli	Steinenbachgässlein 36
D Schränz-Gritte	Steinengraben 42
D Läggerli-Hagger	Steinentorberg 33
D Baggemugge	Binningerstrasse 15
D Note-Akrobate	Holeestrasse 65
D Revoluzzer	Malzgasse 9
D Pischtefäger	St. Johannsvorstadt 11
D Messing-Käfer	Güterstrasse 91/93

Im Kleinbasel

D Alt Näscht-Clique	Sperrstrasse 42/44
D Claraschnoogge	Clarastrasse 5
D Dachlugge-Spinner	Feldbergstrasse 100
D Glopfgaischter	Webergasse 21
D Grachsymphoniker	Hammerstrasse 87
D Guggemuusig Null 31	Riehenstrasse 74
D Naarebaschi	Rebgasse 35
D Ohregribler	Clarastrasse 46
D Räpplispalter	Drahtzugstrasse 28
D Rhyhafe-Waggis	Markgräflerstrasse 54
D Runzlebieger	Riehenring 105
D Snobischte	Hammerstrasse 16
D Guggemuusig Wettstei	Alemannengasse 65
D Broggeränzler	Unterer Rheinweg/ Klingentalfähre

MARTINUS OPIFEX

In dankbarer Erinnerung
an unsere Mödlinger Tage!

Herzlichst Ihre
Charlotte Ziegler u.
Rosemarie, Barbara,
und die antoni...
Lotti

Wien, 5. April 1989

Einbandgestaltung: CHARLOTTE ZIEGLER

© 1988 by Verlag Anton Schroll & Co, Wien. Alle Rechte vorbehalten. Printed in Austria.
Gesamtherstellung: Agens-Werk Geyer + Reisser, Wien
ISBN 3-7031-0645-X